Melchizedek
durch
Dr. Raimund Jakesz
Maria Jakesz

Erkenne dich und heile!

Marani-Verlag

1. Auflage: Februar 2010
Marani-Verlag, Ruselstr. 5, 84107 Unterneuhausen
Internet: www.marani-verlag.de

Dem Buch liegt eine Postkarte von Melchizedek bei, wie er sich Armando de Melo als Porträt zu erkennen gab.

ISBN 978-3-9806514-8-6

Druck:

Das Manuskript

„Erkenne dich und heile!"

durchgegeben von der Bruder- und Schwesternschaft des Melchizedek an Raimund unter leidenschaftlicher Mitarbeit von Maria

Vorwort

Seit altersher gab es Bruder- und Schwesternschaften, die sich um bestimmte spirituelle Aspekte besonders gekümmert haben. Die Bruder- und Schwesternschaft des Melchizedek steht für die Bewahrung von Wissen und Weisheit. Der Text dieses Manuskriptes ist übertragen und aufgezeichnet worden. Sein Inhalt vermittelt Erkenntnis über viele Belange des Lebens. Für manche von euch ist der Zusammenhang von Materie und Energie unklar. Die Ganzheit der Schöpfung Mensch ist ohne den Zusammenhang und das Verständnis um Körper und Geist nicht erfassbar. So spielen diese beiden einander beeinflussenden Ebenen auch eine wesentliche Rolle im Verständnis von Krankheiten und der ganzheitlichen Behandlung derselben.

Der vorliegende Text gibt einen Einblick in den Aufbau des menschlichen Energiekörpers und fokussiert sich auf die sieben Energiezentren. Die Anordnung der Worte wurde deshalb so gewählt, um größtmögliches Verständnis in vielerlei Hinsicht zu gewährleisten. Die angegebenen Meditationen vermitteln die Verbindung von Theorie und Praxis. Erst das tatsächliche Fühlen erlaubt den Inhalt des Textes tatsächlich zu erfassen. Die Worte sind in Liebe geschrieben und übergeben zu eurer Freude, Eigenverantwortung und Freiheit.

Danksagung

Die Bruder- und Schwesternschaft des Melchizedek, in deren Namen dieses erste Manuskript der Öffentlichkeit mitgeteilt wird, existiert seit Tausenden von Jahren. Ich danke an dieser Stelle allen, die derzeit inkarniert sind und allen Wesenheiten, die diese Energie gehalten und sich damit verbunden gefühlt haben über die Zeit. Viele haben Anteil daran, und es ist an der Zeit, dass dieses Wissen an die Öffentlichkeit gelangt.

In Liebe, Melchizedek

Wir danken unseren Kindern Barbara und Matthias für ihr liebevolles Sein.
Wir danken den vielen Wesenheiten, denen wir tief verbunden sind, für die spirituelle Begegnung und Begleitung.
Wir danken unseren vielen Patientinnen, die sich für eine neue Sichtweise der Krankheitsbewältigung geöffnet haben.
Wir danken Anita und Martin vom Marani-Verlag, die mit großem Einfühlungsvermögen und Engagement dieses Buch ermöglichen.

Einleitung

Ihr Lieben!

Es ist mir eine Freude mit euch zu kommunizieren.

ICH BIN MELCHIZEDEK – ein Lehrer seit immer, der Lehrer der Lehrer von altersher.

Und ihr werdet fragen: *Was willst Du von uns?*

Und ich antworte: Ich will euch Weisheit vermitteln. Ich will euch Erklärung und Einsicht schenken, damit ihr dieses, euer Leben, eure Inkarnation, eure Menschwerdung auf diesem wunderschönen Planeten Erde, in seiner Fülle und seiner Bedeutung erfasst.

Viele alte Weisheiten sind vorhanden, um neu dargestellt, der Stellung der Evolution eurer Erde gerecht zu werden, EURER Evolution.

Die Änderung eurer Lebensumstände, die aus vielen Gründen stattfindet, erfordert einen anderen, geänderten Menschen.

Vieles Alte wird in seiner Bedeutung nicht mehr akzeptiert – und das ist so, wie es ist, und es ist gut so. Jedoch muss darauf basierend Neues entstehen, Umfassendes, solches, das Verständnis in euch erweckt, das euch Hilfe und Unterstützung zuteil werden lässt. Etwas, das euch bewahrt, das euren Lebensweg beleuchtet, das euer Bewusstsein für den Sinn eures Lebens, für die tiefen Mysterien eures Seins erweitert.

Die Bewältigung von vielen Lebensumständen, von Verlusten, Trennungen, von Krankheiten, von vielen Aspekten, die Trauer und Schmerz in euch hervorrufen, ist abhängig vom Grad der Bewusstheit, die ihr diesen Situationen entgegenbringt. Vom Erkennen der Ursachen, der Verbindungen, der tiefen Aspekte, die diesen Erfahrungen zugrunde liegen. Es ist möglich, in all diesen Aspekten Sinnhaftigkeit, Botschaft zu erkennen, wenn die tiefen Zusammenhänge erfasst werden. Alles, was in eurem Leben vorhanden ist, oder entsteht hat einen tieferen Grund und eine Ursache: Die Ursache führt zu einer Wirkung. Diese Wirkung, ein eingetretenes Ereignis, eine Erfahrung in eurem Leben hat für euch nun eine Botschaft, als solche, und das Erfassen der Ursache, ist nun Basis dafür – Heilung – Befreiung -Lösung an euch selbst vorzunehmen. Viele oft sehr schmerzhafte Erfahrungen kommen in eurem Leben wieder und wieder, da ihr die Ursache dafür nicht erfasst und an euch nicht zur Heilung gebracht habt. Ihr werdet fragen: Wie heile ich? Und ich antworte: Mit Liebe, Mitgefühl und Vergebung für sich und andere, ohne zu werten und ohne zu urteilen. Und ihr werdet fragen: Aber ist denn das gerecht, dass ich durch andere leide und ihnen auch noch vergeben muss? Und ich antworte: Du leidest unter anderen, weil Du unter Dir leidest! Deshalb liebe andere und dich und überlasse den Ausgleich Gott. Gott ist die Liebe: ER

richtet nicht, ER rächt nicht, ER erlaubt allen die Erfahrung, die nötig ist, um Entwicklung zu ermöglichen. Und manche werden fragen: Und wie verhält es sich mit denen, die nicht an Gott glauben? Und ich antworte: Es ist gut, dass sie an SICH glauben, dann glauben sie an Gott in sich.
Diese Botschaft, ihr Lieben, betrifft viele Aspekte eures LebensAspekte, die ihr vielleicht schon immer geahnt habt, nach deren Darstellung ihr euch gesehnt habt, oder die euch sehr fremd erscheinen, weil euer Wissen darüber verschüttet ist.
Seid eingeladen zu lesen, zu lernen, Weisheit in euch aufzunehmen und setzt das, was ihr für euch als passend empfindet, in eurem Leben um.

In Liebe,
Melchizedek

Ihr Lieben !

ICH BIN MELCHIZEDEK – ein Lehrer seit immer, der Lehrer der Lehrer von altersher.

Die Vermittlung von Weisheit und Wissen ist meine Aufgabe, die Schulung des Menschen, die Führung und Leitung. Die Integration der vermittelten Aspekte in euch selbst, die Annahme und Öffnung dafür ist Voraussetzung, sie zu leben. Erst, wenn ihr Angebotenes ganz annehmt, könnt Ihr es umsetzen. Deshalb sage ich, seid gerne auf eurer Erde, flüchtet euch nicht in höhere Sphären und verharrt, weil ihr es dort schöner findet. Nur, wenn ihr Himmel und Erde verbindet durch euer Sein, könnt ihr das tun, wofür ihr gekommen seid. Darum ist es so wichtig und sinnvoll mit Oben und Unten verbunden zu sein. Mutter Erde gibt euch alles, was ihr für euer physisches Leben braucht, achtet und ehrt sie dafür. Vater Gott belebt euch durch seinen Geist. Verbindet den Geist mit der Materie. Wir wissen, viele von euch sind fasziniert von der Materie, von ihrem materiellen Besitz, und manche sind mit der geistigen Welt verbunden. Bitte versteht, die Grundhaltungen der geistigen Welt, wie bedingungslose Liebe, Mitgefühl, Achtung und Wertschätzung gehören in eurer Welt verankert. Alles was bei Uns heroben ist, gehört auf der Erde installiert, um zu wirken. Ja, es ist gut und passend, dass euch das Leben fasziniert, ablenkt und ihr im Hier und Jetzt seid. Wenn ihr nur oben schwebt, so bringt ihr das, womit ihr euch im Schweben beschäftigt, schwer oder gar nicht auf die Erde, wohin es gehört!

Von der Schöpfung her ist in euren Chakren alles vorhanden und enthalten, wie in den großen Chakren auf der Erde, also im Gesamtgefüge eures Planeten. Es sind Neuschaffungen im Prinzip durch die Ausdehnung des Kosmos möglich, aber hier ist auf ein Paradoxon zu achten: Prinzipiell war die Schöpfung im Augenblick der Erschaffung vollständig, alles war angelegt und tatsächlich fertig. Im Paradies glich der Mensch Gott: "Zu Seinem Abbild schuf er ihn". Der Mensch war kontinuierlich verbunden mit allem was ist, hatte tiefes Wissen und Verständnis für alles, fühlte und dachte wie Gott, eine wahre Tochter, ein wahrer Sohn von Vater-Mutter-Gott. Schrittweise kam es zum Verlust des gesamtgöttlichen Potentials und damit begann das Abenteuer Menschheit auf eurem Planeten. Im Zuge dieser Entwicklung gelangten sehr irdische, körperliche Aspekte dieser Körper-, Geistbeziehung und Auseinandersetzung in den Vordergrund. Die Balance zwischen Innen und Außen begann zu wanken und als harmonische Einheit Sprünge zu bekommen. Dies war eine Möglichkeit, die im Zuge der Evolution der schrittweisen Wegentwicklung von der Göttlichkeit bestand, der freie Wille in der

Gesamtheit von bewusstem und unbewusstem freien Willen, bekam in der Widersprüchlichkeit zwischen Körper und Geist große Bedeutung!
Der Rahmen der Polarität trat in Kraft, es entstand die Möglichkeit beide oder eine bestimmte Seite zu leben, oder sie in Synergie, in die Mitte zu bringen und sich von den Randgebieten zu erlösen.

DER FREIE WILLE

Erlaubt mir hier eine Anmerkung über den freien Willen. Ich sage, bewusster und unbewusster freier Wille. Und ihr werdet fragen: *Wie kann ein freier Wille unbewusst sein?*
Und ich antworte euch: Ihr wisst, dass ihr innerhalb eines Tag- und Nachtrhythmus lebt. Der Tag ist den bewussten Erfahrungen vorbehalten. Manches, was ihr während des Tages erlebt, wird euch jedoch nicht vollständig bewusst, da ihr etwas überseht, nicht in seiner Tragweite erfasst oder eure Aufmerksamkeit nicht darauf richtet. Die Nacht bleibt euren unbewussten Erfahrungen vorbehalten. Am Tag nehmt ihr viele Eindrücke auf, verarbeitet sie und entscheidet nach eurem bewussten, freien Willen, so wie es eurem Sein entspricht. In der Nacht seid ihr zur Schulung in der geistigen Welt unterwegs. Das heißt nicht, dass ihr unbedingt große Reisen macht, sondern, dass sich ein Teil eures Energiekörpers an die geistige Welt energetisch anbindet, Schulung

erhält und gemeinsam mit Wesenheiten den Rahmen der Möglichkeiten, für den nächsten Tag vorbereitet. Diese Wesenheiten haben sich bereiterklärt, euch bei eurer Evolution zu unterstützen. Der abgesteckte Rahmen für den kommenden Tag und dessen Festlegung geschieht in Verbindung mit eurem unbewussten freien Willen, und mit der ausdrücklichen Billigung eurer Seele. Ihr seid und bleibt damit eine eigenständige Persönlichkeit, die über den Lauf ihrer Entwicklung selbst entscheidet.

Im Zuge eurer Entwicklung wurden viele innere Aspekte stillgelegt, die jedoch in der Anlage vorhanden blieben. Bestimmte Entscheidungen, die ihr zur Erfassung der gesamten Polarität getroffen hattet, versperrten den Zugang zu diesen Aspekten. Liebe, Absichtslosigkeit, Mitgefühl, Barmherzigkeit und manches andere, begannen an Einfluss zu verlieren, Macht, Gier, Habsucht und vieles mehr auf dieser Seite der Polarität begann zu dominieren! Ja, diese Aspekte wurden nicht neu geschaffen, sondern sind prinzipiell in der Anlage, den Matrices vorhanden und benötigen nur abgerufen zu werden. Dies ist aber nicht unser eigentliches Thema, sondern dient zur Erläuterung über die Zusammenhänge und zu eurem besseren Verständnis.

FORTSCHRITT UND VERSTÄNDNIS

Vielleicht noch ein Wort bezüglich der Entwicklung und Expansion des Universums: In diesen Sphären jenseits eurer Ermessensbereiche, gibt es Entwicklung, Fortschritt und Neukreation. Ihr seid derzeit an einem Punkt eurer Entwicklung angelangt, an dem die Manifestation von und die Öffnung zu dem, was im Laufe der Entwicklung abgegeben und scheinbar verloren wurde, durch euch selbst wieder stattfinden kann. Dies muss jedoch nicht von der Stunde Null beginnen. Viele Aspekte, Kenntnisse und Fähigkeiten, insbesondere die Grundhaltungen zu eurem Leben und der Schöpfung im Allgemeinen, wie Achtsamkeit, Neutralität, Sorgfalt, Achtung, Liebe und Mitgefühl können abgerufen, intensiviert und an euch selbst manifestiert werden. Dies benötigt Aufmerksam-keit und Bewusstheit sich selbst gegenüber. Wenn ich von Achtsamkeit, Liebe und Mitgefühl spreche, so sind all das Energien, die ihr durch eure intensive Hinwendung zu euch, in euch im Rahmen eures freien Willens nach eurer Entscheidung wachrufen könnt.

Immer wieder werde ich euch im Zuge dieses Textes energetische Übungen vorlegen, ich lade euch ein, diese zu praktizieren. Ihr könnt euren Energiekörper, eure Gedanken und Gefühle nur dann erkennen, bewusst benützen und ändern, wenn ihr euch angewöhnt, mit euch selbst zu arbeiten. Das Wesen der Energiearbeit besteht in Aufmerksamkeit und Entschluss, sich mit einem bestimmten Thema geistig auseinanderzusetzen und zu beschäftigen.

MEDITATION: SELBSTLIEBE

Setzt oder legt euch bequem und schließt die Augen, atmet ruhig und tief, seid entspannt und nehmt euch Zeit für euch. Entscheidet, euch Aufmerksamkeit und Beachtung zu schenken und für euch da zu sein im Rahmen der Liebe und des Mitgefühls für euch selbst. Atmet, lenkt eure Aufmerksamkeit auf euren Atem und fühlt euch wohl. Erlaubt euch dieses Gefühl, diese Haltung einige wenige Minuten und dann lasst das Gefühl der Liebe in euch aufsteigen. Fühlt in Situationen hinein, in denen ihr Liebe zu euch empfunden habt, auch absichtslose Liebe zu anderen, atmet und fühlt in euch, wo ihr in eurem Energiekörper dieses Gefühl der Liebe empfindet und ihr werdet merken, es ist die Gegend eures physischen Herzens. Fühlt nach, wie ihr dies empfindet, wie sich das anfühlt. Wärme, Geborgenheit, Vertrauen sind Aspekte, die ihr in euch hochsteigen fühlt und die ihr mit dieser bedingungslosen Liebe empfindet. Verharrt in diesem Zustand. Wisst, ihr benötigt niemanden außer euch selbst, in diesen Zustand der Liebe zu gelangen und euch daran zu erfreuen. Freut euch über die Liebe zu euch selbst, achtet und ehrt sie, verharrt einige Minuten darin, dann bedankt euch und löst euch langsam aus eurer Aufmerksamkeit für die Liebe. Kehrt in euer Tagesbewusstsein zurück und öffnet die Augen.

Ihr Lieben, das was ihr hier getan habt, könnt ihr Meditation, Energiearbeit, Konzentrationsübung oder anders nennen. Erkennt, dass dies etwas ist, was ihr für euch tut, mit ganz spezifischen Auswirkungen. Bei kontinuierlicher Übung führt dies zu einer Erweiterung und Änderung eurer Haltung zu euch selbst. Das heißt, ihr ändert euch, ihr kreiert euch in diesem Aspekt neu.

KREATION

Neuschöpfung, Kreation bedeutet nicht, dass ihr zum Beispiel Achtsamkeit und Sorgfalt als Begriff und Haltung neu schaffen müsst. Ihr könnt eure Zugänge dafür öffnen, eure Aufmerksamkeit darauf konzentriert ausrichten, und diese Haltungen sehr bewusst in euch vernetzen. Manche haben bestimmte Aspekte bewahrt, und sie über die Jahrtausende nicht wirklich verloren. Andere haben zum Beispiel Eigenliebe, Durchsetzung der eigenen Wünsche, Tatkraft oder Vertrauen blockiert und besitzen die Möglichkeit diese Anteile in sich zu heilen. Inkarnierte, die sich für bestimmte Aufgaben auf dieser Erde bereit erklären, dürfen diese Fähigkeiten von "DRÜBEN" mitnehmen, aus bestimmten Gründen, auf die ich nicht genauer eingehe, weil diese Fähigkeiten sehr individuell mit der Erfüllung ihrer Aufgaben hier verbunden sind.

ARBEIT AN SICH – AUSWIRKUNG AUF DAS MASSEN-BEWUSSTSEIN

Ihr Lieben, bitte versteht, dass euer Planet und alles, was sich auf und in ihm befindet, im Wandel begriffen sind. Dieser Wandel wird durch eine Bereitstellung neuer universeller Energien unter-tützt. Diese Energien beeinflussen alles. Man könnte sagen automatisch. Immer ist es eine persönliche Entscheidung, diese Energien in sich aufzunehmen. Durch die Aufnahme kommt es zu einer Anpassung eurer inneren Strukturen. Im Rahmen der Hingabe an die Arbeit an sich selbst, können nun Lösungen von vergangenen, belastenden Aspekten und Erfahrungen erfolgen. Es können Heilungen eurer Reaktionen und Muster auf vergangene Erlebnisse durch eure Absicht und Konzentration auf diesen Fokus erreicht werden. An diesem Punkt eurer Entwicklung, ist es euch nun durch die Bereitstellung dieser besonderen, neuen universellen Energien und durch die Anpassung eurer inneren Strukturen im Rahmen eurer Bereitschaft und Hingabe an diese Arbeit möglich, einerseits eine Lösung von vergangenen Aspekten und eine Heilung eurer Reaktionen auf vergangene Erlebnisse durch eure

Absicht, Konzentration und euren Fokus, zu erreichen. Andererseits kann es durch die Integration dieser neuen Energien in eure Energiekörper, auch zu ihrer Manifestierung im Massenbewusstsein dieses Planeten, und zur physischen Manifestation auf der Erde kommen. Erkennt, dass die Energien, die ihr repräsentiert, sich in kontinuierlichem Austausch mit dem Massenbewusstsein befinden, und einander andauernd beeinflussen. Versteht, dass sich das, was ihr denkt, tut, wie ihr empfindet oder handelt, im Massenbewusstsein ausdrückt. In manchen Aspekten, wie Liebe, Mitgefühl, Achtung, Wertschätzung, Dankbarkeit, Selbstermächtigung und anderem, benötigt das Massenbewusstsein eure besondere Zuwendung. Zur Erfüllung dieser Aufgabe ist es nötig HIER zu sein, geerdet zu sein. Seid ihr woanders, könnt ihr diese Aufgabe nicht erfüllen. Wenn ihr nur schwebt, so bringt ihr das, womit ihr euch im Schweben beschäftigt, schwer oder gar nicht auf die Erde, wohin es gehört. Alles, was hier "bei uns heroben" ist, gehört letztendlich auf der Erde neu installiert.

Viele sind sich dieses Aspektes nicht bewusst und meinen durch reine Energiearbeit, losgelöst von der Erdung, Aspekte auf diesem Planeten manifestieren zu können. Um hier zu arbeiten, muss man hier sein, sich zu dieser Erde und zur eigenen Arbeit bekennen, an dieser freudig Anteil nehmen, und sich mit ihr völlig zu identifizieren. Das bedeutet auch: Wissen an Andere weiterzugeben, ohne Aspekte der Angst oder eines vorübergehenden Widerstandes in euch zu empfinden. Dies soll mit aller angemessenen Sorgfalt und Achtsamkeit, ohne Aggression oder Provokation, jedoch sehr wohl mit Fokus und Nachdruck geschehen. Manche sind aufgerufen dies in der Öffentlichkeit zu tun, andere in der Stille oder im kleinen Kreis. Trotzdem ist Verteilung und Ausbreitung, des erarbeiteten Wissens, zur Schulung und Bewusstwerdung anderer jetzt ein Gebot der Stunde. Wie vorher gesagt, ist jetzt Zugang und Anbindung an Aspekte, die euch im Rahmen eurer Göttlichkeit zustehen, die ihr zum Teil in euch abrufen könnt und die andererseits im Rahmen von neuen Energien zur Verfügung stehen, in sehr verstärktem Maße möglich. Es benötigt eine "große Anzahl" an Freiwilligen, sich dieser Aufgabe anzunehmen, den Zugang durch die Integration und Manifestation in euch, in euren Gemeinschaften, auf der Erde für Menschen, die auf eure "Arbeit" warten, zu ermöglichen.

Die Änderung des Massenbewusstseins erfolgt durch die Einspeisung dieser Grundhaltungen, durch die Integration von hochschwingenden Energien in euch und deren Manifestation in eurem Leben im Rahmen eurer Entscheidungen. Dies ermöglicht anderen, durch die Anbindung an das Massenbewusstsein, das ja automatisch erfolgt und das sich durch eure Arbeit ändert, entsprechende Schritte in Richtung ihrer eigenen Bewusstseinserweiterung zu gehen. Im Zuge dieses permanenten Kreislaufes erscheint es eben besonders wichtig, dass ihr hier geerdet seid. Das Sein im Hier und Jetzt, die Integration dieses "Informationsmaterials" in Form von hochaktiven, sehr schnell schwingenden Energien, hat direkten Einfluss auf das Massenbewusstsein, wenn ihr diese Energien in euch völlig aufnehmt, zum Arbeiten und zum Klingen bringt. Es ist nicht ausreichend, sich zu verbinden, ohne das Informationsmaterial im eigenen Leben zu verwenden. Es geht hier um das Hineinhorchen in diese Energieaspekte, um das Öffnen des eigenen Energiekörpers und die Möglichkeit, die ihr damit solchen Energien gebt, an euch anzudocken und mit euch in Resonanz zu gehen. Schließlich geht es um das Umsetzen. Es setzt sehr viel Vertrauen und unbedingte, absichtslose Bereitschaft voraus, euch an dieser Erfahrung zu beteiligen. Ihr wisst manchmal noch nicht so genau, wie das geht, wie sich das anfühlt, und was dabei herauskommt. Es wird von euch eine Entscheidung erwartet, ob ihr willens seid, euch an eure Bereitschaft, vor eurer Inkarnation, zu erinnern und zu dieser auch zu stehen, dass ihr den Bewusstwerdungsprozess der Menschheit und eures Planeten entsprechend unterstützt.

Die ERDE – GAIA

Ich möchte euch in diesem Zusammenhang nun einmal zusammenfassend Information über euren Planeten Erde - GAIA - geben. Gaia ist eine Energie mit einer physischen Ausprägung - wie ihr. Gaia ist die Energie, die es der Menschheit ermöglicht, inkarniert zu leben, mit all ihrer Ausprägung, mit Gedanken, Gefühlen, mit Seele und Körper, mit ihrer Ganzheit - nicht als Energie, sondern als ganzer Mensch! Dies war eine große Entscheidung dieser Energie Gaia. Sie wusste, dass hier viele Erfahrungen auf sie zukommen würden. Sie wusste, dass sie an der Entwicklung der Menschen teilnehmen würde und könne, dass aber diese Entwicklung für sie auch entsprechende, manchmal auch sehr schmerzhafte Auswirkungen haben würde. Im Rahmen ihres Liebesentschlusses zu Gott, ihres Vertrauens in die göttliche Schöpfung, im Rahmen der Möglichkeit durch diese Erfahrung ihre eigene Entwicklung zu gestalten, hatte sie nun schließlich vor langer Zeit diesem Plan zugestimmt, hier materialisiert: DIE ENERGIE IST MATERIE GEWORDEN!

Diese Entwicklung, die lange dauerte, ist in Gang gekommen und wurde schließlich umgesetzt. Nun ist dieser Planet mit euch Menschen in einer engen Verbindung, die sich zwar einerseits auf geistiger Ebene gut und innig gestaltet, auf physischer Ebene nach wie vor, und man könnte sagen, mehr denn je, belastet ist. Nur ein kleiner Teil der Menschheit sieht diesen Aspekt eurer Erde als lebenden Planeten, mit eigenständiger, präsenter Energie, der alles tut, um eure Entwicklung zu fördern und zu unterstützen. Gaia ist intensiv damit beschäftigt, ihre eigene energetische Stabilität zu erhalten und den neuen Aspekten und Veränderungen anzupassen. Das Massenbewusstsein der Menschen ist sehr eng mit dem Energiefeld der Erde verbunden. Die Magnetfelder der Erde, die Gitternetze, die die Erde an ihrer Oberfläche, aber auch in ihrem Inneren durchziehen, reagieren mit diesem Massenbewusstsein und auf das Massenbewusstsein. Um die Erde selbst energetisch stabil zu erhalten und es der Menschheit zu ermöglichen ihre Entwicklung einigermaßen "unbeschwert" verfolgen zu können, ist es hilfreich, Grundhaltungen wie Liebe, Mitgefühl, Achtsamkeit und anderes mehr zu bewahren. Es erfolgen entsprechende Rückmeldungen aus dem Massenbewusstsein, die sich auf der Erde zur Information der Menschheit manifestieren. Mutter Erde "wartet" sehnlichst auf eure weitere Entwicklung, um ihre eigene Entwicklung entsprechend verfolgen zu können.

In der Konstruktion, zumindest in manchen Aspekten, gleicht Mutter Erde euch. Aus dieser Sicht gesehen, tut ihr das, was ihr Mutter Erde antut, natürlich euch selbst. In diesem Zusammenhang sollte ihr nie vergessen, dass ihr, solange ihr hier lebt, Kinder von Mutter Erde, und untrennbar mit ihr verbunden seid. Macht euch also bewusst, dass ein Teil eurer Aufgabe darin besteht, die universellen Energien mit den irdischen zu verbinden. Ihr tut dies dadurch, dass ihr Energien, die ihr ersucht von oben durch euch zu fließen, in euch aufnehmt, in euch zur Resonanz bringt und bewusst in die Erde fortleitet. Damit ist diesem Energiefluss genüge getan und die Aspekte können im Alltag umgesetzt werden. Ihr selbst habt euch zwischen euren beiden Energiepolen, Himmel und Erde zentriert, stabilisiert und Mutter Erde in diesen Fluss der Energie miteinbezogen.

DAS CHAKRENSYSTEM

Indem ich euch dies zur Kenntnis gebracht habe, möchte ich euch nun einen genaueren Einblick in das Chakrensystem vermitteln. Ich will euch zuerst die Struktur erklären, die euch das System im Ganzen, allgemein verständlich macht, um dann folgend weitere Überlegungen anzustellen.

Das Chakrensystem ist primär dafür geschaffen, um euch zwischen den beiden Energiepolen, dem Oben und Unten, eine gewisse energetische Stabilisierung zu erlauben. Oben ist die Krone, euer Scheitelbereich, mit dem Energiepol über und um euch verbunden. Dieser Energiepol ist Quelle der universellen, göttlichen Energie. Sie ist eure antreibende und stimulierende Kraft. Unten ist als Energiequelle die Erde mit eurem Wurzelchakra verbunden. Beide haben für euch merkbar sogenannte weibliche wie männliche Aspekte. Es ist nicht oben männlich und unten weiblich, sondern sowohl "oben" ist universal, göttliche Energie männlich wie weiblich, wie auch „unten" die Energie eurer "Mutter" Erde männlich und weiblich ist. Diese Attribute wurden in einer Zeit gewählt, in der ihr polar unterschieden habt zwischen den Geschlechtern, und diese mit männlichen und weiblichen Eigenschaften verbunden habt. Diese Prägung ist in euch Menschen nach wie vor vorhanden: Als "Mann und Frau schuf ER sie". Es werden diese "Eigenschaftszuweisungen" mehr und mehr verwischt werden und für euch an Bedeutung verlieren, je mehr ihr in die Geheimnisse eindringt, die ICH, MELCHIZEDEK mich entschlossen habe, euch zu übermitteln. Es existiert eine treibende, sich bewegende Kraft, und eine ruhende Aufnahmestelle für diese Kraft. Energie fließt in beiden Richtungen, aber nicht zum Selbstzweck, "um Bewegung zu machen", verzeiht den kleinen Scherz, sondern um Kommunikation zu schaffen. Wenn ich Energie meine, so meine ich die Gesamtheit der Energien, die eine so große Vielfalt besitzen, so dass ihr durch mangelnde oder fehlende Information, die Zusammenhänge in ihrer Ausformung noch nicht komplett erfassen könnt. Natürlich ist Energie überall, feinst gewoben in unendlichen Netzwerken, miteinander kommunizierend, im Austausch und zusammenhängend. All das hat innewohnende, unendliche Intelligenz, die einen großen Zusammenhang, zu eurem höchsten Wohl ergibt.

Der Zugang zu diesen Energien ist in euch selbst. Das heißt, ihr habt keinen Bedarf an zusätzlicher Soft- oder Hardware: Die Software seid ihr, die Hardware seid ihr auch. Ihr benötigt nur euch, möglichst rein, möglichst konzentriert, fokussiert, und von klarer Intention für das, was ihr euch für eure Inkarnation vorgenommen habt. Dies ist: Euch und eurem Planeten die schrittweise Entwicklung durch die Erkennung und Erlernung der Zusammenhänge des großen Ganzen zu ermöglichen, und alle, aber auch alle Kenntnisse und Fähigkeiten, euer ganzes Potential und eure Essenz zu erkennen, bewusst zu leben und hier auf der Erde zu erschaffen. Zuerst manifestiert ihr in euch, und kreiert dadurch Zugänglichkeit in das Massenbewusstsein. Durch diesen Prozess wird zwischen allen Menschen hier ein Bild geschaffen für die endgültige Entwicklung des gesamten Universums.

Nun wir sind schon wieder weit vom Thema abgekommen und ich werde zu euren Energiezentren zurückkehren.

Die energetische Anbindung an die beiden Pole, die beiden wesentlichen Energiequellen: Himmel und Erde, erfolgt über Aufnahmestellen, die sogenannten Chakren. Diese Chakren können über bestimmte spezielle Strukturen Energie aufnehmen, zum Schwingen gebracht werden, in Resonanz kommen, und in euch etwas zum Klingen bringen. Die Chakren bestehen aus einer Fülle energetisch reaktiver Strukturen, die hoch spezifisch in der Lage sind, auf entsprechende energetische Reize zu reagieren, diese Impulse zu verarbeiten und zu den entsprechenden Stellen in eurem Energiekörper und in euren physischen Körper weiterzuleiten. Dies ist ein grundlegender Mechanismus von enormer Bedeutung. Ihr seht, wie wichtig es ist, Verständnis über euren energetischen Aufbau zu besitzen. Chakren sind trichterförmige, sich rotierend bewegende Strukturen mit einer großen Anzahl von Untereinheiten, die alle auf unterschiedliche energetische Reize reagieren können. Wie ihr später hören werdet, sind sie nicht nur Aufnahmestellen für die universellen Energien, sondern erhalten auch kontinuierlich eine unendliche Menge an normalen Energieinformationen. Chakren sind jedoch nicht die einzigen Energieaufnahmestellen. Ihr habt noch andere, die in euren Sinnes- und Empfindungsorganen beheimatet sind.

All das sind schöne, erhebende Bilder, die euch zeigen, welch wunderbare, jedoch hochkomplexe Wesen ihr seid. All das ist bereits zum Zeitpunkt eurer Geburt fertig angelegt, zum Verwenden bereit. Das soll Zeichen und Anstoß sein, euch aus eurem oft gefühlten Unwert herauszuholen und zu sagen: *Ja, dies ist der Beweis meiner Schöpfung: ICH BIN ein göttliches Wesen, wenn all das in mir ist*. Ihr Lieben, wie sollte eure Schöpfung auch anders funktioniert haben? Sollte jeder von euch ein Chakra mit und für absichtslose Liebe selbst synthetisieren? Und wie solltet ihr das wissen? Welche Bausteine solltet ihr verwendet haben? NEIN: Euer Anteil an der Neuschöpfung ist die Öffnung, die Reinigung, die Heilung, und die Annahme all dieser vorbereiteten Geschenke. So geht zum "Gabentisch" und holt euch das ab, was dort für euch und alle vorbereitet ist! Das ist eure Lebensaufgabe: Dafür seid ihr hier. Es umfasst alles, es ist alles, und alles im Ganzen, ihr seid damit grenzenlos in Liebe zu euch und zu allem. Ihr könnt immer daran denken: Es ist ja da, ich brauche es mir nur abzuholen. Das ist Bewusstseinserweiterung. Damit habt ihr zwei Fliegen auf einen Schlag getroffen, wie ihr zu sagen pflegt: Erstens braucht ihr euch nicht mit den Aspekten eurer tatsächlichen Eigenkomposition, eures detaillierten Aufbaus beschäftigen. Ihr benötigt also nicht, den Urschöpfungsakt tatsächlich nachzuvollziehen, sondern ihr könnt durch eure gezielte Absicht in eure Entwicklung eingreifen. Zweitens, braucht ihr nicht das Gefühl zu haben, ihr seid nur beschenkt, und nicht richtig involviert. Es hängt von euch ab, was in eurem Leben tatsächlich geschieht.

"Was du ererbt von deinen Vätern, erwirb es, um es zu besitzen."

Das ist das Zentrum. Um es zu erwerben, benötigt es harte Arbeit, Fokussierung, Hinwendung, Vertrauen, Achtsamkeit, Ausdauer, Sorgfalt.

VERTRAUEN

So will ich euch mit einer Energie dieser Aspekte näher bekannt machen, nämlich mit der Energie des Vertrauens. Vertrauen ihr Lieben ist eine Grundhaltung, die euch Sicherheit gibt, Sicherheit und Gewissheit, dass alles, was ihr erlebt zu eurem Höchsten Wohle und zum Höchsten Wohle anderer ist, die an dem, was ihr erlebt, beteiligt sind. Zweifel hingegen ist ein Gefühl, das euch Unsicherheit vermittelt, das die Stärke eurer Lebensenergie, eurer Energie des Augenblickes sinken lässt, die Frequenz eurer Energie vermindert. Zweifel nimmt euch den Antrieb, vermindert das Wünschen und die Gewissheit, dass ihr das, was ihr euch vorgenommen habt, auch tatsächlich erreicht. So lasst uns diese beiden Energien aufrufen.

MEDITATION: VERTRAUEN - ZWEIFEL

Setzt euch bequem oder legt euch hin, seid entspannt, atmet ruhig und langsam, tief und lange, wenn es euch recht erscheint, schließt die Augen, werdet ruhig. Wenn eure Gedanken abschweifen, holt sie liebevoll zurück und haltet sie bei euch. Lenkt eure Aufmerksamkeit auf euren Atem und verbindet euch mit ihm. Lasst in euch eine Situation hochsteigen, die ihr mit Vertrauen verbindet, zum Beispiel: Als Kind in den Armen der Mutter liegen, auf einer Wiese ausgestreckt sein, mit der Erde verbunden, in einem festen Haus, auf festem Grund zu sein, wenn es draußen stürmt. Sucht euch eine ähnliche Situation und richtet eure volle Aufmerksamkeit darauf. Fühlt, wie dieses Gefühl des Vertrauens in euch hochkommt und empfindet, wie es aus eurem Herzen kommt und sich über euren ganzen Energiekörper ausbreitet. Haltet diese Energie und genießt sie. Freut euch an diesem Gefühl der Sicherheit und der Wärme, und seid ganz still. Fühlt diese Geborgenheit, wie sie liebevoll von euch Besitz ergreift. Atmet, fühlt, und bedankt euch anschließend.

Nun lasst Zweifel aufkommen, lasst den Zweifel das Vertrauen aus eurem Energiekörper verdrängen. Bringt euch eine Situation in euer Bewusstsein, in der euch Unsicherheit befallen hat. Erinnert euch. Lasst eine Situation in euch hochkommen mit der Frage: "*Werde ich das schaffen?*" oder mit der Gewissheit "*Das schaffe ich nie!*" Lasst dieses Gefühl da sein, sich eurer bemächtigen und euch dominieren. Fühlt sehr bewusst, was ihr dabei empfindet. Lenkt eure ganze Aufmerksamkeit auf die Möglichkeit des Versagens und atmet. Fühlt in euren Körper, wo ihr diese Unsicherheit, diesen Zweifel fühlt. Ja, ihr fühlt dies in der Mitte eures Oberbauches. Macht euch vertraut mit diesem Gefühl, lasst es da sein und atmet. Dann verdrängt dieses Gefühl mit der Gewissheit " *Und ich schaffe es doch!*". Nehmt allen Mut, all eure Kraft zusammen, holt euch Helfer, die euch zur Seite stehen wollen, und lasst euren Zweifel gehen. Drängt ihn hinaus mit der Gewissheit, dass ihr sicher und geborgen seid, wenn ihr zu euch steht, dass ihr euch auf eure Stärke verlassen könnt und ihr Gewissheit darüber habt. Lasst euch anfluten von diesem Gefühl und empfindet es dann in eurem ganzen Körper. Haltet es und richtet dorthin eure Aufmerksamkeit mit aller Bestimmtheit. Atmet und beginnt euch langsam zu bewegen, lasst die Energie sich zurückziehen. Bedankt euch bei euren Helfern, kommt in eure volle Bewusstheit zurück.

Richtet eure Aufmerksamkeit auf das, was ihr gerade erlebt habt. Ihr könnt Gefühle aufrufen, die euch aus Notsituationen herausführen. Solch schwierige Situationen sind häufig mit hemmenden Gefühlen verbunden, die die wahre Ursache für ein etwaiges Versagen darstellen können. Wenn ihr lernt, mit euren Energien zu arbeiten, sie fokussiert zu trainieren und euch nicht von ihnen übermannen lasst, dann werdet ihr auch im Bedarfsfall zu einer passenden Reaktion in der Lage sein. Ihr werdet nämlich wissen, was zu tun ist. Sehr ähnlich verhält es sich mit anderen Grundhaltungen, die später noch besprochen werden.

GRUNDLAGEN ZUM VERSTÄNDNIS DER CHAKREN

Es gibt sieben Hauptchakren als Basis und fünf weitere als Ergänzung, zusammen zwölf, viele weitere sind bekannt. Ihr nehmt mit eurem ganzen Energiekörper Energie auf. Ihr habt viele, viele zusätzliche Chakren, die verschiedene Aufgaben erfüllen, deshalb nehmt das, was ich sage, nicht allzu wörtlich, denn in Wirklichkeit ist alles EINS. Versteht, dass es Hauptausbreitungsbahnen für Energie, sogenannte Meridiane gibt. Darüber hinaus gibt es Energieebenen, die vertikal und horizontal angeordnet sind und dann noch viele, die solche Punkte miteinander und über ganz andere Bahnen verbinden. Ihr habt bestimmte Stellen, die Energie von außen aufnehmen und Verteilerkreise, die in erster Linie verbinden, abgeben und verteilen. Aufnehmende Strukturen haben teilweise abgebenden Charakter und umgekehrt. Alles kann aufnehmen sowie abgeben und dennoch gibt es ein Grundprinzip: Die drei oberen Chakren nehmen eher auf und sind – dies sei mit aller Zurückhaltung gesagt – eher für geistig spirituelle Aspekte zuständig. Hier sind entsprechende physische Organe zugeordnet. Das Herz ist eine Art Zentrum. Die drei unteren sind für die Abgabe, für die Erdung, für eher körperliche Aspekte verantwortlich. Dieses Energiesystem ist sehr viel komplexer, als es den Anschein hat. Es sind eigene Knotenpunkte, die die Speicherung der Informationen beinhalten, Verbindungsbahnen, Energiestrukturen für die Organe und andere, die innerhalb einer vertikalen Struktur, die im ganzen eurer Wirbelsäule entspricht und einer horizontalen Struktur, die zwischen dem Dritten Auge und Hinterhauptsloch zu liegen kommt. Alle diese Strukturen sind räumlich sehr multidimensional, zusätzlich wellenförmig, in sich vibrierend und jenseits von unserer Vorstellung von Zeit und Raum zu sehen. Da ihr diesen komplexen Schaltplan für Energie, nicht wirklich erfassen könnt, sondern nur bestimmte Strukturen, deren ungefähren Aufbau, und den annähernden Plan, so ist es natürlich weise, bestimmte Überlegungen der Inneren Weisheit anzuvertrauen und ihr auch zu überlassen. Glaubt nicht, dass dies Abgabe von Souveränität für eure Individualität darstellt. Es gehört ja eure Innere Weisheit zu euch, und ihr seid untrennbar mit ihr verbunden, wiewohl ihr euch ihrer oft nicht wirklich bewusst seid. Ihr sollt jedoch eine tiefe Einsicht haben, um auf dem euch zugehörigen Niveau Zusammenhänge erfassen zu können.

Deshalb bittet eure Innere Weisheit, Balance und Harmonie wiederherstellen zu helfen, wenn ihr in Disharmonie geraten seid. Ersucht sie ebenfalls euch entsprechende Gedanken zu senden, die euch die Widerstände eure innere Harmonie zu erreichen, zu erfassen und zu entlassen helfen. Wenn ihr diesen Weg für euch beschreitet, Erfahrung damit sammelt und euch diesen Weg zu lehren beginnt: Achtsam nach innen zu horchen und Schritte zu setzen, die Umsetzung jedoch der Inneren Weisheit zu überlassen, dann werdet ihr segensreiche Handlungen setzen. Damit könnt ihr auch andere auf ihrem Weg entsprechend unterstützen. Ihr seht, die Vorbemerkungen über ein so komplexes Thema sind vielfältig und reichhaltig und anderes wird folgen.

KRONEN- oder SCHEITELCHAKRA

Die Krone ist Anfang und Ende, sie befindet sich gegenüber eurer Basis. Sie ist in erster Linie strahlende Aufnahmestelle der universellen Energien, und Verbindungsstelle zur geistigen Welt, Knoten- und Verbindungspunkt für Aufnahme und Kommunikation für geistige Energie!

Es gibt viele, unendlich viele Energien. Die Belehrung über Chakren gibt mir die Gelegenheit in den verschiedenen Zusammenhängen über die sehr verschiedenen Energiearten, nach ihrer Charakteristik unterschieden, zu erzählen. Wie schon früher gesagt, ist in euren Chakren alles vorbereitet und liegt zur Resonanz bereit, bereit um "angesprochen und geöffnet" zu werden. Sie sind wie eine große Empfängerstation, in der jede eintreffende Energie prinzipiell aufgenommen werden kann, jedoch nur dann, wenn ihr die Voraussetzung dafür erbringt. Überlegt: Es kommt eine Energiequalität, die zwar in euch angelegt ist, aber in eurem Bewusstsein dieser Inkarnation nicht an der Oberfläche liegt, das heißt, die ihr nicht lebt.

In diesem Zusammenhang erzähle ich euch eine Geschichte als Beispiel. Es war einmal eine Reiterhorde, diese hatte einen Anführer. Er war auf Beute, Raub, Vergrößerung und Absicherung des Besitzes, in diesem Leben ausgerichtet. Er liebte seine Frau, seine Kinder und den Falken, mit dem er jagen ging und hielt die Gastfreundschaft hoch. Das heißt, es waren auch Ebenen seines Bewusstseins aufgedeckt, die sagen wir es einmal gefühlsmäßig, liebenswert waren. Jedoch waren Raub und Plünderung für ihn legitim, weil es zu den Grundzügen seiner Erziehung, seiner Kultur gehörte. Er wird sich damit einmal auseinandersetzen müssen, will er sich auf seinem Weg fortbewegen. Das Gefühl für Nachsicht, Gerechtigkeit, Liebe für alle Nächsten, ist nicht in seinem Bewusstsein, daher sind diese Aspekte in seinem Chakra nicht an der Oberfläche und nicht in Resonanz. Er bleibt diesem Empfinden verschlossen, bis er vielleicht ein Erlebnis hat, das ihn so stark beeindruckt, das heißt, das energetisch so intensiv ist, dass der blockierte Bereich trotzdem zum Schwingen gebracht wird. Dann erlangt er in diesem Aspekt Bewusstheit, Reflexion über das Getane, über seine Vergangenheit und er beginnt über die spirituellen Aspekte in Beziehung zu dem, was er gewohnt war zu tun, nachzudenken, zu fühlen, und vielleicht einmal sich einem der anderen anzuvertrauen. Er kann zu Bewusstheit gelangen: Er könnte Handel betreiben, oder Respekt vor dem Hab und Gut, und dem Leben anderer zeigen. Erst die nachhaltige Änderung der Bewusstheit dieses Anführers der Reiterhorde kann zu einer Umsetzung der Aspekte in seinem Leben führen.

Das Kronenchakra ist an eurer höchsten Stelle, dort ist der Grundstock an vorgefertigter Matrix für eure bewusstheitsmäßige Entwicklung angelegt. Das ist

nicht gleichzusetzen mit der Eigenenergie des Gehirns, aber im Zusammenhang mit dem Gehirn zu sehen. Das Gehirn ist euer Zentralcomputer was geistige Energien und deren Verwaltung, Kombination und Speicherung betrifft und reagiert mit Gedanken.
Nehmen wir, als Beispiel, Frieden: Das ist eine Haltung, die hoher Spiritualität entspricht und sehr viele unterschiedliche Ebenen in euch anspricht, bis zur Körperhaltung.
Um euch auf das Folgende einzustimmen, lade ich euch ein mit mir die Energie des Friedens zu fühlen.

MEDITATION: FRIEDEN
Setzt oder legt euch entspannt, werdet ruhig, lasst euer Tagesgeschäft mit all seinen Gedanken hinter euch, atmet und werdet still. Sendet alle Gedanken wieder fort und lenkt eure Aufmerksamkeit auf euren Atem. Atmet tief und ruhig, beginnt eine Gestalt in weißem Gewande vor euch zu sehen oder zu fühlen, wie sie euch näher kommt, hört diese zu euch sprechen: *"Friede sei mit Dir, meinen Frieden gebe ich Dir."* Nehmt diesen Friedensgruß entgegen, wenn ihr dies wünscht, erwidert ihn vielleicht, wenn ihr so empfindet. Wenn ihr diesen Frieden in euch aufnehmen wollt, so fühlt nach, was ihr dabei empfindet, wie sich Friede in euch anfühlt. Atmet, seid ruhig, richtet eure gesamte Aufmerksamkeit auf

das Gefühl des Friedens und achtet, wo sich in euch das Friedensgefühl präsentiert. Genießt diese Augenblicke, sie sind kostbar, und vielleicht für manchen von euch das erste Mal, dass sie oder er das Gefühl des Friedens bewusst wahrnimmt. Ihr werdet empfinden, wie sich diese Energie in eurer vertikalen Mitte in eurem Kopf und eurem Oberkörper anordnet. Fühlt, welche Qualität dieses Gefühl hat, ob es stark und fordernd, oder sanft und liebevoll ist, ob es euch unruhig macht oder harmonisch ausgleicht.
Fühlt, erfreut euch daran, genießt es in eurer Mitte zu sein. Lächelt friedvoll in euch hinein und dann löst euch von dieser Haltung. Verabschiedet das Gefühl des Friedens, bedankt euch, bewegt und regt euch, kommt zurück mit eurer Aufmerksamkeit in euren Raum und kehrt mit allen Aspekten zurück.

Ihr werdet sagen: "*Das ist ja sehr einfach all das zu fühlen, warum ist das so wichtig?*" Und ich antworte: Es ist wichtig, dass ihr euch dem Empfinden eurer Energie gewiss seid, dass ihr genau hineinfühlt was und wie und wo ihr empfindet. Deshalb gebe ich manchmal Hinweise, die euch scheinbar unnötig vorkommen.
Friede ist eine so wichtige Haltung in eurer Welt, in der so viele Konflikte vorhanden sind. Deshalb versucht diese Energiearbeit einmal in einer Gesell-

schaft, die von Streit und Hader geprägt ist. Setzt euch unter diese Menschen, ohne euch aktiv an ihrem Gespräch zu beteiligen und ruft in euch das Gefühl des Friedens wach. Fokussiert euch, haltet mit eurer Aufmerksamkeit die Energie des Friedens und seht was geschieht.

ENERGETISCHE ENTSCHEIDUNGSKASKADE

Friede wird nun als Energie von eurem Kronenchakra an- und aufgenommen und fungiert als bedeutender spiritueller Aspekt in eurem Leben. Diese Haltung wird im Kronenchakra verarbeitet, weitergeleitet, kommuniziert und ihr werdet sehen, warum ein Chakra nicht isoliert zu betrachten ist. Alles in euch, was einmal aufgenommen ist, erzeugt eine Kaskade von Folgeaspekten und Reaktionen, und ist letztendlich nur im Ganzen zu sehen. Dennoch ist eine isolierte Sicht wichtig, um das Prinzip zu erfassen.

Also: Frieden wird angeboten, und als Energie aufgenommen, als spezifisch definierte Energieform, bestimmter Stärke und Frequenz. Alles, was nun in euch JEMALS mit Frieden zu tun hatte, erhält diese Information. Euer Kronenchakra bearbeitet dies selbst, sendet es an euer Drittes Auge weiter, um diese Energie mit anderen Augen zu betrachten. Diese beiden Ebenen kommen zum Schluss, dass Friede, der einzige Weg ist, in sich, und mit anderen in Freude und Harmonie zu leben. Der Körper will sich schon weich zurücklehnen und das Gefühl des Friedens genießen, da beginnen andere Ebenen eures Seins, durch das Resonanzprinzip aktiviert, ihre Erfahrungen einzubringen. Das Unterbewusstsein berichtet über ein Erlebnis: Es wurde die Hand zum Frieden hingestreckt und eine brüderliche Umarmung ausgeführt, und trotzdem wurde kurz darauf der Friede wieder gebrochen. Das Unterbewusstsein gibt das zu bedenken, und die unteren Chakren regen sich und reagieren. Das Solarplexuschakra reagiert mit Unwillen, Ärger und Wut, das Sakralchakra mit instinktmäßiger Sorge, das Basischakra hat Bedenken zur Sicherheit. Es regt sich allenthalben Widerstand, und es erfolgt die Rückkoppelung an das Gehirn, das fragt: "*Was gibt es noch für andere Möglichkeiten?*" Das Herzchakra strahlt und sagt: "*Liebe ist wunderbar! Fühlt einmal: Friede ist das, was es braucht!*". Seele und Höheres Selbst sagen: "*Ja, um Friede zu säen, kamen wir her, das ist es, was wir uns vorgenommen haben, als wir dich hierher begleiteten.*" Das wird möglicherweise in dieser Balancierung den Impuls geben. Vielleicht veranlasst diese starke Friedensenergie, die eure Krone jetzt trifft, sogar das Unterbewusstsein, die Erfahrung loszulassen und zu sagen: "*Ich lasse die Erfahrung gehen, obwohl in mir Erlebnisse abgespeichert sind, die mit Frieden zu tun hatten und schlecht ausge-*

gangen sind." Aufgrund der energetischen Hierarchie entscheidet die Krone abhängig von Energiestärke und Frequenz für euer ganzes Selbst: *"Ja, ich habe gesehen und löse mich aus dieser Erfahrung."* Bei entsprechender Bewusstheit gibt das Unterbewusstsein diese Erfahrungen frei. Versteht, immer wenn die Friedensenergie früher in welcher Form auch immer auftrat, hat das Unterbewusstsein Zweifel angemeldet und auf die Erfahrungen verwiesen. Wird es durch eine Entscheidung eures Selbst, eurer Ganzheit, darüber informiert, dass es euer freier Wille, eure feste Entscheidung ist, Frieden zu leben, dann ist das Unterbewusstsein überzeugt und löst sich davon. Dieses muss sich nur sicher sein, dass ihr es mit eurem Entschluss tatsächlich ernst meint und das ist eine Frage der Stärke der Energie, die ihr aufwendet, der tatsächlichen Festlegung auf allen euren Ebenen.

Zurück zu eurer Krone: Sie ist das Chakra, das in erster Linie mit eurem Gehirn und euren höheren Aspekten, wie Spiritualität zu tun hat.

Fühlt einmal hinein, atmet durch eure Krone. Wenn ich dies so sage, so meine ich natürlich nicht, dass ihr durch den Mittelpunkt eures Scheitels Luft aufnehmen und abgeben sollt. Ihr atmet natürlich wie immer, jedoch verbindet ihr Einatmen mit einer Energiezufuhr, einem Energiefluss, der in euch am

Scheitel eindringt und euch beim Ausatmen wieder verlässt.

MEDITATION: SCHEITELCHAKRA 1

Atmet ruhig, tief und kommt zur Ruhe. Werdet still und fokussiert euch auf euren Atem, wie er die Nasenflügel betritt und eure Nase, wie sich die Luft in eurer Lunge verteilt und sich euer Brustkorb hebt, wie die Luft langsam durch eure Nase wieder entweicht. Nun richtet eure Aufmerksamkeit auf euren Bauch und atmet in ihn hinein, indem ihr ihn vorwölbt und größer werden lasst beim Einatmen und zieht ihn beim Ausatmen wieder ein. Tut dies mehrmals. Werdet ganz entspannt dabei. Richtet eure Aufmerksamkeit auf euren Scheitel. Lasst, beim Einatmen universelle, göttliche Energie in euch eindringen, und beim Ausatmen diese sich über euren ganzen Körper ausbreiten und euch wieder verlassen.

Tut dies mehrmals. Ihr werdet wahrnehmen, dass sich ein ganz bestimmter Punkt in der Mitte eures Scheitels besonders anfühlt. Er vibriert oder macht sich durch einen Druck bemerkbar oder durch eine andere Empfindung. Ist dies so, dann habt ihr eure Eintrittspforte für die Verbindung zur spirituellen Energie gefunden. Atmet, erfreut euch. Fühlt, wie sich diese Energie anspürt, was ihr empfindet, wenn sich diese Energie durch euren gesamten Energiekörper ausbreitet. Diese universelle göttliche Energie ist eine wesentliche Energiequelle, aus der ihr bewusst und unbewusst einen Gutteil eures Energiebedarfes deckt. Atmet und genießt. Fühlt euch wohl. Fühlt Kraft in euch, Vertrauen. Denkt: " *Was soll mir geschehen, wenn ich mich jederzeit mit göttlicher Energie verbinden kann? Ich brauche nirgendwo hinzugehen, nur meine Aufmerksamkeit darauf zu lenken und kann aus dieser Quelle erhalten, was immer ich auch benötige*" Fühlt wie Freude und Verbindung in euch aufsteigt. Lasst euch davon umfangen, dankt und kommt dann langsam zurück.

Lebt so, als ob ihr tatsächlich eine Krone tragen würdet. Eure Bereitschaft Kopfbedeckungen oder Hüte zu tragen, kommt oft aus ferner Erinnerung, in denen ihr tatsächlich Kronen oder andere besondere Kopfbedeckungen getragen habt. Dies ist die Stelle zur Aufnahme von Energien, für Energieaustausch von Energien und mit Energien, die mit den "höheren Aspekten" zu tun haben. Die Aufnahme ist die Voraussetzung, dass diese Energien weitergeleitet werden können, und entsprechende Reaktionen in euch auslösen.

MEDITATION: SCHEITELCHAKRA 2

Atmet nochmals durch eure jetzt so geöffnete Krone ein, wie es eurem Bewusstheitszustand entspricht, fühlt was geschieht. Seid neutral, zentriert, offen, bereit zu erleben, zu fühlen und zu erfahren. Lasst den ganz normalen Energiefluss zu, und dann erlebt! Wenn ihr dies gefühlt habt, bekräftigt die Absicht, diese neuen kräftigenden, hochfrequent einströmenden Energien zu fühlen, sie wahrzunehmen und in euch aufzunehmen. Realisiert die Qualität der Energie und verfolgt ihren Lauf, durch ihren Weg, wohin sie euch immer führen will. Atmet, und tut dies jetzt.

Ja, Konzentration und Fokussierung braucht es allemal. Das Erfolgsorgan für das Kronenchakra ist zweifelsohne das Gehirn, aber in einer Ausprägung, die weit über euren mentalen Aspekten liegt. Einerseits sind Kombination, Vernetzung, Merkfähigkeit und Speicherung wesentlich für die Aufrechterhaltung eures Seins. Es gehen jedoch die Fähigkeiten und Möglichkeiten eures Gehirns weit darüber hinaus, noch dazu, wenn ihr bedenkt, dass ihr nur einen Teil eures, euch zur Verfügung stehenden Gehirnpotentials tatsächlich benützt. Dieses ist unermesslich bezüglich der spirituellen Entfaltung eures Seins, gemeinsam mit den vielen anderen Ebenen. Dennoch ist der innere Kommunikationspunkt zwischen Krone und Gehirn zu sehen, und breitet sich von dort weiter aus.
Es ist wichtig zu betonen, dass Energie nirgends bewusst von euch gehalten werden und sich nicht

kurzschlussartig im Kreise drehen darf. Energie muss fließen und deshalb ist jede energetische Turbulenz in euch ungesund, wo auch immer sie in euch stattfindet. Die aufgenommene Energie benötigt Erfüllung, Aktion. Ihr könntet meinen, euer Gedächtnis, eure energetischen Abspeicherungen, wären statische Prozesse. Gedächtnis hat viel mit Bahnung zu tun, jedoch wird nichts energetisch ruhend gespeichert, sondern auch in der Bahnung ist Bewegung. Auf gebahnte energetische Muster könnt ihr jederzeit zurückgreifen. Bei starker psychischer Belastung, können Energien direkt im Unterbewusstsein abgelegt werden.

Ich sage es so, dass es euch bewusst wird. Manches ist mit Worten nur inkomplett auszudrücken, und es kommt, wie ihr sehr wohl wisst, auf die Botschaft im Geiste, auf die Meinung dahinter an. Ihr werdet euch fragen, warum fühlt sich manches, obwohl schon oft gemacht, so an, als ob es zum ersten Mal geschähe? Nun ihr Lieben, ein Prozess wird begonnen, und beendet. Punkt. Abgeschlossen. Ja, ihr werdet fragen: *"Wir haben doch die Erinnerung, dass ein solcher Prozess einmal stattgefunden hat."*. Ich antworte: "Ja, ich will euch wissen lassen, dass Gedächtnis sehr viel damit zu tun hat, dass eine energetische Bahnung bleibt, dass ein solcher Prozess einmal stattgefunden hat. Aber es wird nichts, wenn ihr so wollt, energetisch ruhend aufgehoben. "Hier kommen wir eben ein wenig an die Grenzen des verbal Ausdrückbaren. Die Erinnerung bleibt gebahnt, aber die Energie verlässt den Körper, euren Energiekörper! Achtet darauf, dass das eben auch tatsächlich geschieht."

Schließlich darf euer Unterbewusstsein eine neue Aufgabe als die des Speichers erhalten. Seid versichert, je mehr das Unterbewusstsein eure Erinnerungen loslässt, desto leichter kann es sich schrittweise seinen Fähigkeiten, seinem tatsächlichem Potential und einer neuen Funktion als der des Speichers zuwenden. Dies kann aber erst dann geschehen, wenn seine eigentliche, bisherige Aufgabe erfüllt ist. Das Zurückhalten von Energien ist immer problematisch, weil es gegen die ureigenste Definition von Energie gerichtet ist. Deshalb ist in der Öffnung, Bereithaltung, dass ihr bedingungslos Änderung, Neuordnung, Entfaltung, Bewegung zulasst, ein Schlüssel zu eurer Entwicklung zu sehen. Dem Loslassen alter Erfahrungen nach entsprechender Bearbeitung kommt besondere Bedeutung zu. Dadurch kommt ihr zur inneren Harmonie, zu eurer Balance, und ermöglicht Neukreation. Diese besteht darin: Zu öffnen, zu bewegen, zu vernetzen, und dadurch neu zu erschaffen.

Bitte versteht, dass Balance und Harmonie die Grundlagen für Energieausgleich darstellen. Habt und erlaubt ihr Harmonie in einem eurer Zentren, zum Beispiel dem Scheitelchakra, dessen Erfolgsorgan das Gehirn ist, so werdet dieses es weder über- noch unterbeanspruchen. Ihr werdet es weder vernachlässigen, noch werdet ihr kontinuierlich Energie in eine Richtung oder im Kreise laufen lassen, die keinen natürlichen Ausweg finden kann. Es bilden sich dann Kreisläufe, die durch kontinuierliche Bahnung bald sich selbst "ernähren" und "Genüge tun" und keinen Gang, keine Richtung heraus finden. Es ist wie eine Falle, die sich schließt und euch gefangen hält. Sehr oft sind die auslösenden Ursachen Emotionen und Erlebnisse, die sich dann in Form von Gedanken weiterspinnen, und euch, wenn ein solcher Kreis einmal gebahnt ist, nicht mehr loslassen.

KREBSANGST

Als Beispiel sei die Krebsangst genannt. Diese kann als mögliche Ursache frühkindliche Traumen in diesem Leben haben, zum Beispiel durch die Erfahrung einer Krebserkrankung eines oder einer nahen Anverwandten. Ein solcher Schockzustand erzeugt eine Bahnung, das heißt, es stellt sich eine Automatisierung dieser Emotion, des Erlebnisses ein. Hier spielt natürlich der Auslöser eine bedeutende

Rolle. Die Angst findet ein Erfolgsorgan: Das sind die Gehirnstrukturen, die in Form von Gedanken kontinuierlich angesprochen werden, wieder und wieder.
Primär wird also das Gehirn in Form von Gedanken reagieren, und diese Gedanken laufen in Eigendynamik ab. Dies ist ein häufiges Phänomen, das als Prinzip bei vielen Prozessen, die außer Kontrolle geraten und zu Selbstläufern werden, vorliegt. Dann wird gedacht, und gedacht.... immer dasselbe, und immer wieder dasselbe, immer mehr gewöhnt sich der Betroffene...und wird fast abhängig davon. Diese Gedanken zur Angst vor Krebs, werden im Gehirn dominant. Sie können sogar die Funktion des Gehirns beeinflussen. Sie bekommen einen bestimmten Stellenwert im emotionalen Ausdruck der Betroffenen. Das Gefühlsleben wird beeinflusst, Regungen, Grundhaltungen werden reagieren. In diesem großen Netzwerk, in dem alles auf alles reagiert, und letztendlich auch mit allem, werden Haltungen, die der- oder diejenige, zu schöner, erfüllender und reiner Ausprägung gebracht hatte, ganz einfach nicht mehr gelebt. Dieser Mensch ändert sich durch die Angst, und die Gedanken daran: "*Was wird sein, wenn das, wovor ich Angst habe, auch tatsächlich eintritt?*"
Es entsteht ein Kreislauf, der durch die Charakteristik und Ausprägung dieser Energie, eine Rückkoppelung zum entsprechenden Organ bewirkt. Diese Rückkoppelung wird dort bei jedem Gedanken, bei jeder

Emotion, energetisch aktiviert. Es entsteht ein permanenter energetischer Kreislauf mit pausenloser Aktivität zwischen dem Emotionalkörper und den entsprechenden Strukturen des Gehirns. Eine Lösung kann nur durch sogenannte innere Umstellung nach bewusster Entscheidung erreicht werden. Der erste Schritt besteht in der Bewusstwerdung, dass Änderung möglich ist und mit aller Aufmerksamkeit angestrebt werden soll. Das immer wiederkehrende Gefühl der Angst nährt sie in einem bedeutenden Ausmaß. Der zweite Schritt ist die Neutralisierung der Angst durch Liebe und Vertrauen zum Schöpfer und sich selbst. Dabei werden diese Energien in sich hochgerufen, an die Oberfläche gebracht und mit ganzer Aufmerksamkeit gehalten. Ein oftmaliges Wiederholen von Sätzen wie *„Ich liebe mich. Ich habe Vertrauen zu mir."* erleichtert diesen Zugang. Der dritte Schritt besteht in einer aufmerksamen Selbstkontrolle, wo bei jedem gerade aufkommenden Gefühl der Angst in Form von Affirmationen oder anderen mentalen oder gefühlsmäßigen Methoden begegnet wird. Bei gravierender Krebsangst ist eine intensive Beobachtung und besonders liebevolle Betreuung des eigenen Selbst wertvoll.

ANGST

Angst ist nicht nur in einem Organ energetisch repräsentiert. Sie manifestiert sich normalerweise in

den Nieren und im Nacken, und selektiert bei einem bestimmten Ereignis ein Organ, in dem sie zum Ausdruck kommt. Konzentrierte Energie der Angst, zum Beispiel vor Brustkrebs, kann zu dieser Erkrankung führen. Scheinbar unbegründete, ungerichtete und unbewusste Angst, ohne Ahnung wovor, sitzt im Nacken und in den Nieren. Angst zu lieben sitzt im Herzen, Angst zu sprechen sitzt im Hals, Angst zu hören in den Ohren.
"Ich will dies nicht schon wieder hören oder nochmals hören" oder „Ich fürchte mich, dies schon wieder oder nochmals zu hören" hat häufig Auswirkungen auf das physische Ohr. Beobachtet den Zusammenhang zwischen äußerem und innerem Ohr, und zieht eure eigenen Rückschlüsse. Manchmal habt ihr eine hörbare Erwartungshaltung:" *Ich will das endlich hören, warum höre ich dies nicht endlich?"* In diesem Zusammenhang sind die Ohren ein sehr gutes Beispiel zum allgemeinen Verständnis für innere Zusammenhänge. Aber ich bin abgeschweift.
Angst vor KREBS, Brustkrebs kann sich am entsprechenden Organ manifestieren. Hier kommen noch andere Aspekte zum Tragen, die die rechte oder linke Seite und die Tumorbiologie ergeben: Diese Reaktion ist bis ins kleinste Detail logisch, gesetzhaft nachvollziehbar in ihrer Entstehung, und erlaubt, bei entsprechender Auseinandersetzung, und Tiefe des Blickes, sehr wohl völliges Verständnis und wirkliche

Klärung. Ob die oder der Betroffene sich in den Heilungsprozess begibt, und entsprechende Änderungen in ihrem / seinem Leben zulässt und strikte befolgt, ist persönliche, manchmal eher selten, karmische Entscheidung.
Ja, es gibt auch Situationen in denen sich eine Seele, also euer spirituelles ICH, eure göttliche Essenz, individuell entschieden hat, den Weg einer Erkrankung bis zur Beendigung dieser Inkarnation zur völligen Erfassung und Erfahrung, aus welchen Gründen auch immer, zu gehen.
Dennoch sind hier allzu frühe Festlegungen problematisch, sowohl von der Seite der Betroffenen als auch der des Arztes, der Ärztin oder der des Heilers, der Heilerin. Situationen können auch nicht vorhersehbare Wendungen nehmen. Entwicklungen können entstehen, die das gesamte Weltbild eines Menschen auf einen Schlag verändern. Ihr Lieben, alles ist eben im Fluss, alles in Änderung begriffen, alles offen für Lösung, Heilung und Verständnis. Deshalb ist auf jeder Ebene Vorhersage problematisch. Nicht, dass nicht so manches so aussieht, als ob es sich so entwickeln müsste. Wenn viele Menschen an ein Faktum intensiv glauben, dass es eintritt, wenn viele ein bestimmtes Ereignis für unausweichlich halten, dann ist die Energie dafür groß, dass es tatsächlich entsteht. Dennoch entstünde diese machtvolle kreative Energie vieler eben nicht, wenn mehr

Aufmerksamkeit der Offenheit, dem Fluss, der Änderung geschenkt würde, und nicht das "Das muss so sein", "Das musste eben so passieren" und "Hier gibt es keinen anderen Ausweg" dominierte.
So sind wir mit den Gedanken und dem Energiekörper schon ein Stück weitergekommen. Ihr kennt mich inzwischen gut, und die Art meiner Erläuterungen, Teachings und Belehrungen. Wisset, ihr Lieben: „Es ist eine Gnade, Belehrung angeboten zu bekommen und diese aufnehmen zu können. Ihr tut dies zu eurem Höchsten Wohl. Es ist eine Gnade, Verbindung zu fühlen. Ihr Lieben, es ist ebenso eine Gnade sich nicht verbunden zu fühlen. Versteht jedoch und vergesst dies nicht, dass ihr alle verbunden seid, ob es euch bewusst ist oder nicht. Bewusst verbunden zu sein, heißt, alle Konsequenzen zu tragen, hinaus zu gehen, öffentlich zu wirken, sich an Zeitabläufe und Verpflichtungen zu halten. Versteht, dass sich für euch alle Entwicklungen wie von selbst ergeben werden."

ERKRANKUNGEN DES NERVENSYSTEMS

Lasst mich nun drei Krankheitsbilder eures Zentralnervensystems, eurer Neurologie besprechen, die zu eurem Verständnis dieser Zusammenhänge beitragen sollen:
Morbus Parkinson, Multiple Sklerose, Morbus Alzheimer.

Erwartet meine Erklärungen in Ruhe und Achtsamkeit

Ich will euch diese Krankheiten in der Zusammenschau der Symptome, der grundlegenden Organveränderungen und der damit zusammenhängenden Gedankenmuster näher bringen. Diese Gedankenmuster basieren wiederum auf Emotionen, die ihre bestimmten Ursachen besitzen.
Um ein Gedankenmuster zu durchbrechen bedarf es der bewussten Entscheidung: *"Ich ändere meine Einstellung und erlebe Freude statt Angst."*

Alle diese Überlegungen dürfen niemals gegen die Empfehlungen der betreuenden Ärzteschaft und gegen ihre Therapievorschläge gerichtet sein. Zusätzlich zur schulmedizinischen Behandlung können und sollen die grundlegenden Ursachen und zusätzliche Möglichkeiten der Heilung von Krankheiten berücksichtigt werden. Überwiegend liegen Emotionen den vorher angesprochenen Gedankenmustern zugrunde. Die Erkennung, Definition, Bearbeitung und Heilung dieser auslösenden Mechanismen können Schlüssel zur Krankheitsbewältigung sein. Ob diese Krankheitsbewältigung auch zum Verschwinden des organischen Symptoms führt, hängt von einer Reihe von Fakten ab, die immer individuell zu sehen sind und intensive Analyse erfordern und kann nicht vorhergesagt werden.

MORBUS PARKINSON

Typische Leitsymptome sind Schüttellähmung mit Abnahme der Fähigkeit für feine Bewegungsabläufe und Maskengesicht. Lasst mich also das Krankheitsbild in Form von Gedankenmustern erklären. Schüttellähmung als Muster kann sich energetisch so darstellen: *"Ich will nicht genau arbeiten. Ich will mich nicht selbst versorgen müssen. Ich glaube Verantwortung, für mich und andere nicht tragen zu können. Ich mag nicht mehr, aber ich fühle, ich muss, und bin zornig und unzufrieden. Ich habe mich Zeit meines Lebens mit erhöhter Akribie und Sorgfalt um viele Dinge kümmern müssen, und habe innerlich gefühlt: Ich habe zu vielem nicht die Voraussetzung! Ich mag mich nicht mehr gezielt bewegen. Glaube immer zu spät zu kommen, die Eile ist es, die zu diesen zappelnden Bewegungen Anlass gibt."*

Maskengesicht als Muster kann energetisch bedeuten: *„Ich will niemanden meine inneren Regungen ansehen lassen. Niemand soll mit- oder nachvollziehen dürfen, was sich wirklich in mir abspielt."*

Das und noch manch anderes liegt emotional diesem Krankheitsbild zugrunde. Warum greift es eine bestimmte Gehirnstruktur energetisch an, und führt dort zu entsprechenden physischen und psychischen Defekten? Der Grund dafür ist, dass die Einzelaspekte, und die Summe aller Einzelaspekte mit bestimmten Hirnkernen oder -zentren in Resonanz gehen. Diese Gehirnanteile haben genau dieselben energetischen Grundschwingungen, wie diese intensiven Denkmuster und emotionalen Bahnungen. Die Veränderung dieser Gehirnanteile hat entsprechende physische, energetische Auswirkungen an den Muskeln, der Durchblutung und der Nervenaktivität in bestimmten Teilen des Körpers. Ihr seht, wenn ihr euch selbst einschwingt auf ein Organ, das erkrankt ist, und die Auswirkung fühlt, so ist es gar nicht so schwierig die entsprechenden Gedanken dazu zu erhalten und die Zusammenhänge zu verstehen.

MULTIPLE SKLEROSE (MS)

Was geschieht bei dieser Erkrankung, wodurch ist sie charakterisiert? Es fallen bestimmte Funktionen im Gehirn aus, indem die natürliche Struktur der Nervenzellen und der Nervenleitungen durch körpereigene Zellen attackiert, desintegriert und aufgelöst wird. Gedankenmuster ist: *"Ich darf nicht das leben, was ich will. Nicht das, was meine Bestimmung ist. Die Ursache für dieses Faktum liegt entweder in mir selbst und/oder im Außen*: *Die Eltern, der Partner erlaubt es mir nicht und ich kann mich nicht durchsetzten oder will nicht. Ich erlaube es mir nicht: entweder, weil ich es mir nicht zutraue, mich nicht begabt genug oder wert genug halte. Oder ich bin alte Verpflichtungen eingegangen, habe geschworen, bestimmte Dinge nicht mehr zu tun, oder mich nicht mit ihnen zu beschäftigen.*"

Auch bei anderen, in ihrer Ursache, nicht aufgedeckten neurologischen Krankheiten, die mit Funktionsverlust einhergehen, kann das auf den genannten Ursachen beruhen. Die von mir vorher beschriebenen Ausfälle haben natürlich ihre spezifische Bedeutung. Oft beginnen die Symptome an den Augen: *"Ich will mir nicht ansehen, dass ich meine Bestimmung nicht lebe."* Es geht weiter mit Muskelausfällen an den Beinen: *"Ich will mich einer Lösung nicht nähern und mich nicht zur Lösung hinbewegen."*, an den Händen: *"Ich will keine Aktionen ergreifen, um das zu ändern."*, mit der Funktion der Ausscheidungsorgane: *"Ich will mich nicht davon lösen, dass ich meine Bestimmung nicht lebe, oder ich will keine Kontrolle über mich selbst haben und bin lieber abhängig."*

Ihr seht die Ursachen sind emotional und im Zusammenhang mit Gedankenmustern. Die Auswirkungen auf das Gehirn entsprechen den Mustern der Emotionen und der Gedanken, die gerade vorherrschen und entstehen ebenfalls, wie vorher beschrieben, auf der Basis des energetischen Resonanzprinzips. Die Grundhaltung hinsichtlich des Hauptproblems bedingt im Gehirn die prinzipielle Auslösung von MS. Die genaue Struktur der

Erkrankung, auch im Verlauf, wird nun von der spezifischen Situation des Erkrankten geprägt.

MORBUS ALZHEIMER

Vorherrschendes Gedankenmuster zur Auslösung der Erkrankung ist:

"Ich habe abgeschlossen. Ich bin chancenlos in diesem Leben. Ich schließe mich ab. Ich gehe in die innere Emigration, grenze mich ab, mache mich völlig abhängig und lebe im inneren Dunkel, in Resignation. Ich will das Licht, das mich erleuchten soll, mir Kraft, Hoffnung und Segen spendet, nicht aufnehmen. Ich verschließe mich der Verbindung mit der universellen Energie."

Hoffnungslosigkeit kann viele Ursachen haben: Allgemein persönliche Situationen, die denjenigen überfordern, ein besonders subtiler Druck des Partners , nicht wissen woher der Druck kommt und sich nicht wehren wollen oder können, können auslösend sein. In hellen Momenten besteht große Trauer über die Situation, in der sich der Betroffene befindet. Es erfordert primär sehr viel Einfühlungsvermögen aller Beteiligten und der Betreuenden in Verbindung mit der Seele, die Erlaubnis erwirken zu dürfen, die Kanäle zur Lichtaufnahme zu öffnen. Schrittweise kann die Krone soweit geöffnet werden, dass nun Lichtenergie aufgenommen werden kann.

In guten Augenblicken sollten Einverständnis und Erlaubnis von Betroffenen eingeholt werden, mit ihnen zu arbeiten. In dunklen Augenblicken, oder in komplett dunkler Situation sollte der Betreuer um höhere Führung ersuchen. Das Vorliegen von Fremdenergien sollte ausgeschlossen werden. Dies gilt ganz allgemein für alle Erkrankungen. Die Erkennung der Beteiligung einer Fremdenergie und die Lösung und Befreiung davon, kann bedeutend sein. Es gibt eine Reihe von Methoden, sich diesem Problem zu nähern. Speziell Ausgebildete mit besonderen Fähigkeiten können hier zu Rate gezogen werden. Zusätzlich können im Zuge einer Hypnosesitzung, einer schamanischen Reise oder ähnlichem, tief verborgene, anders nicht an die Bewusstseinsoberfläche kommende Ursachen, wie zum Beispiel nicht gelebte Wünsche, aufgedeckt werden. Dies kann heilsam sein und die weitere Arbeit erleichtern.

VERBINDUNG ZWISCHEN KRONENCHAKRA UND HÖHEREN ENERGIEN

Nun habt ihr einen ersten Einblick bezüglich der Stellung eures Gehirns, der Vernetzung, der Verbindung zur Krone und anderen Chakren und dem Körper im Allgemeinen erhalten. Ich möchte zur Stellung der Krone noch weitere Bemerkungen machen, die über das zuvor Gesagte hinausgehen. Die Krone ist Aufnahme- und Abgabe- oder

Absendezentrum von universellen und höheren Energien, die zur Freischaltung von potentiellen Informationen und Fähigkeiten in der Krone selbst benötigt werden. Dadurch werden eure weiteren Lebensentscheidungen und Wege beeinflusst, gesteuert und aktiviert. Energiebahnen leiten zu Energiezentren in euch über. Wenn ich sage: leiten, so versteht bitte, dass all dies in einem sehr hohen Tempo geschieht, in einem Tempo, das für euch in der Tat nicht vorstellbar ist. Es verjüngt sich die Energiespirale beim Eintreffen von Informationen, auf die Krone, weil die Krone dies in ihrer Konstruktion so vorgesehen hat. Die Informationsenergie geht mit den entsprechend vorbereiteten, spezifisch ansprechbaren Stellen in der Krone in Resonanz. Die Annahme, die bewusste Bereitschaft, ist alles, was dafür vonnöten ist. Eure Innere Weisheit weiß, wie das zu geschehen hat, vertraut auf sie. Der Vorgang beginnt zu laufen, und die Bewegung, die Änderung, die Bereitschaft abzugeben, loszulassen, erzeugt in euch nun ein Abströmen der Energie, wodurch zugleich die Energie geerdet, praktisch bestätigt wird. Dadurch erfolgt Energiefluss. Von eurer Krone kann mit Absicht vom Gehirn her, und mit Entscheidung durch euren Willen, mit den höheren Energien bewusst Kontakt aufgenommen werden. Basis dafür ist eure Entscheidung im Zusammenhang mit eurem Sein. Es gibt hier für die Anbindung an höhere Energien entsprechende "Eintrittskarten" wie: Liebe, Mitgefühl, Dankbarkeit, Vertrauen, Anteilnahme, Achtsamkeit und vieles mehr. Wir haben dies vorher Grundhaltungen genannt. Machtvolle Hindernisse, wie Emotionen oder generell mangelnde Selbstermächtigung stellen hemmende Faktoren für diese Veränderung dar. Eure Grundhaltung, vielleicht auch ausdrückbar mit eurer Geisteshaltung, ist der Zugangsweg, nun eurerseits Energien loszusenden, die in uns, in anderen Wesenheiten oder generell in höheren Energiedimensionen Resonanz auslösen. Diese könnt ihr nun rückgekoppelt erhalten und dadurch verbunden sein. Ja, man könnte fast sagen: Es spielt sich alles in euch ab, denn ihr seid in uns und wir sind in euch. In euch und in uns ist alles. Jeder ist ganz, und zwischen beiden ist kein Unterschied. Ich weiß, dies zu glauben, stellt für viele eine gewisse Hürde dar. Ihr liebt es euch an hehren, hohen Gestalten und Energien zu orientieren und haltet euren göttlichen Ursprung häufig nur für etwas leicht dahin Gesagtes. Habt ihr ausreichend Vertrauen, glaubt ihr und vertraut ihr auf die offene Anbindung an das Allwissen und die Allweisheit, an das Eine vollkommene Ganze, so werdet ihr diesen engen Zusammenhang zwischen "EUCH" und „UNS" akzeptieren können. Versteht, dass ihr in dem Augenblick, in dem euch die Einheit bewusst wird,

eine hohe Energiefrequenz und Stärke besitzt, ja ihr seid inter- oder multidimensional.
Damit haben wir eine weite Reise durch viele Gefilde unternommen, und wollten eigentlich nur die Krone besprechen. Wir werden weiter fortfahren in unserem Projekt, die Zeit ist intensiv und darf benützt werden, um fokussiert und bewusst zu erfahren und zu erfassen. Wir haben die Krone vorerst abgeschlossen. Das Gehirn ist Organ der Aufnahme, der Integration, damit zentrale Schaltstelle. Hier sei noch angemerkt, dass manche Aspekte, wie dominierende mentale Kraft, die manche von euch weit außerhalb ihrer Harmonie halten, durch schrittweise Akzeptanz anderer Aspekte in sehr liebevoller Art und Weise in Balance gebracht werden können.
Wollen solche Menschen mit starker mentaler Dominanz ein freudvolles Leben führen, so steht es ihnen frei, ihren mentalen-emotionalen-physischen und spirituellen Körper in Harmonie zu bringen. Akzeptanz sowie Verständnis der großen Fähigkeiten, aber auch der großen Beschränktheiten eures Gehirns, des oft mangelnden Weitblicks und begrenzter Einsicht, sind wesentlich. Mentale Arbeit zur Erweiterung der Sicht, zur Ausweitung von Kapazität, nicht nur als Speicher, in Harmonie mit euren anderen Aspekten, ist ein absolutes Gebot der Stunde. Erst die harmonische Berücksichtigung von

Herz und Seele ergibt ein völlig in sich ruhendes Ganzes.

STIRNCHAKRA: DAS DRITTE AUGE

Lassen wir das Gehirn etwas ruhen und wenden wir uns dem Dritten Auge zu. Ich sage hier an dieser Stelle, dass eure gesamte Körperoberfläche energetisch gesehen, einem einzigen Chakra, oder vielen miteinander vernetzten Chakren entspricht. Ihr habt unendlich viele vorbereitete Stellen an euch, die zur Energiearbeit befähigt sind und darauf warten, aktiviert zu werden, bewusst aktiviert. Da an euch ja alles Energie ist, so kann natürlich jede auf euch auftreffende Energie, mit entsprechenden Stellen an euch in Resonanz treten, und eine spezifische Botschaft übermitteln.

Natürlich sind die sieben Hauptzentren Orte besonderer Konzentration an Aufnahmestellen, mit unendlicher Vielfalt an vorbereiteten Energiestrukturen zur Herstellung von Resonanz. Andere Zentren besonderer Energiekonstellation sind den Organen zugeordnet und können entweder direkt von ihnen, im Zuge der Energieausbreitung über Bahnen angesprochen werden, aber auch über bestimmte Stellen an eurer Oberfläche eures Körpers. Ihr sprecht von "Headschen Zonen". Zusätzlich existieren an den Fußsohlen und den Ohren energetische Abbilder, sodass bei entsprechender Berührung an eurer

Körperoberfläche Kontakt mit eurem Inneren, mit bestimmten Organen aufgenommen werden kann. Massage oder Klopfaktivierung kann zu entsprechenden organischen Änderungen oder Heilschritten führen.
Ihr habt im Bereich eurer Sinnesorgane zum Beispiel der Ohren, der Nase, den Augen, dem Geschmack, Zentren besonderer Aufnahmefähigkeit. Diese Organe dienen als Spiegel. Wie schon angedeutet, können die Augen erkranken, wenn so manches nicht gesehen werden will, um es einmal auf eine solch einfache Art und Weise auszudrücken. Ihr seht daran, es können solche Energiepunkte in zweierlei Richtung wirken: Von außen nach innen, um Information für euch zu gewinnen und aufzunehmen, und zur weiteren Verarbeitung zur Verfügung zu haben. Oder von innen nach außen um Informationen, zum Beispiel, emotionale aus dem Inneren zu erhalten, und entsprechend auf der physischen Ebene zu spiegeln und zu manifestieren. In der Tat ist das noch etwas komplexer, da natürlich die Energiequalitäten, die an einer solchen Stelle integriert, also zusammengefasst werden, verschieden sind, und ganz unterschiedliche Komponenten besitzen: Mental-gedankliche, emotional-gefühlsmäßige, spirituelle. All diese formen dann eine Botschaft, die körperlich ausgedrückt werden kann. Daher besteht die physische Reaktion immer aus

verschiedenen wichtigen Ebenen. Zur Bewusstwerdung im Rahmen von Heilarbeit ist es hilfreich, all diesen Gesichtspunkten entsprechende Aufmerksamkeit zu widmen.

ÄUSSERE UND INNERE SICHT

Aber genug der allgemeinen Aspekte. Lasst uns endgültig auf euer DRITTES AUGE konzentrieren: Ein ganz besonderer Ort in euch. Die Lage des Dritten Auges befindet sich über eurer Nasenwurzel, in der Mitte der Stirne, etwas oberhalb des Niveaus der Augenbrauen.

Ihr Lieben, Augen sind zum Schauen da, das Schauen ist indifferent: Die Augen benützen und so ganz einfach schauen. Dann gibt es etwas, was Augen noch tun können, und das ist: Sehen. Sehen vermittelt Sicht. Die körperlichen Augen vermitteln Sicht der Materie, eurer Umgebung, und von allem, was um euch ist. Die innere Sicht vermittelt einen Einblick in das Unsichtbare, in euer Inneres, in die geistige Welt in oder um euch. Aus dieser Sicht entsteht ein Bild. Entweder ihr bildet etwas, was eure äußeren Augen sehen als Bild ab, oder ihr bildet ab, was ihr in euch seht. Es besteht dabei kein Unterschied, das Phänomen ist vergleichbar. Bild bleibt Bild, und das direkte Umsetzen dessen, was eure physischen Augen sehen, und das Zusammensetzen zum Bild und der Abbildung einer

Information in euch, ist ein identer Vorgang. Die Synthese zum Gesamtbild geschieht in euch. Vergesst nicht, dass dies ein sehr subjektiver Vorgang ist. Bitte versteht, was dies bedeutet: Wenn zwei Menschen dasselbe Objekt sehen, so sehen sie möglicherweise nicht ident, so auch nicht, wenn sie Musik hören oder einen Vortrag. Aufnehmen ist ein sehr persönlicher Prozess, der von einer Reihe von Aspekten abhängig ist: Von eurer Aufmerksamkeit, wie müde oder frisch ihr seid, von eurer gefühlsmäßigen Haltung, wie ihr euch fühlt, ob ihr froh oder traurig seid, von der Sicht eures gesamten Seins, von eurer Vorschulung, wie oft ihr euch schon damit auseinandergesetzt habt. Und vielem mehr! So ist es auch mit der inneren Sicht, der Vision, dem inneren Bild.

EINBILDUNG

Lasst mich ein wenig über das Einbilden sprechen. Einbilden bedeutet, sich ein Bild in sich selbst machen, und der Ausspruch: Bilden Sie sich das nicht nur ein? zeugt von wenig Verständnis um die Zusammenhänge. Die Einbildung ist ein inneres Bild, das wichtige Einblicke in das Innenleben des Betroffenen erlaubt. Der "eingebildete Kranke" leidet genau so, wie der, bei dem eine organische Erkrankung besteht. Es ist das ein energetisches Bild, das noch keine physischen Konsequenzen oder

Folgen zeigt. Es ist eine Information aus dem Inneren, auf welche Art und Weise ihr das Bild oder die Information aus eurem Inneren erhaltet, ist zweitrangig. Ob ihr seht, hört oder fühlt, spielt keine Rolle. Das kann durch euer Training und eure Zuwendung zu euren Aspekten geändert werden. Die Art von Information aus eurem Inneren, ist sehr abhängig von eurem Seinszustand. Seid ihr sehr gefühlsfähig und gefühlsmäßig orientiert, so werdet ihr eher innerlich fühlen. Wollt ihr sehen, so wird die innere Sicht vorherrschen und selbiges gilt für das Hören. Die innere Hin- und Zuwendung, die Aufmerksamkeit, erhöht nun den Charakter und die Intensität eurer inneren Botschaften. Eure innere Speicherung erfolgt in Form von kompletter Information, also in allen Details und Einzelheiten. In euer Bewusstsein gelangt das, was kommen soll, auch worum ihr bittet, in der Form, die ihr am ehesten auffassen könnt. Öffnung, Hinwendung und Absicht spielen hier eine große Rolle. Das innere, sogenannte Dritte Auge sieht in anderer, geistiger Dimension. Das physische Auge sieht physische Objekte und bildet sie für euch ab. Je mehr ihr versucht, das Wahre, das Energetische, das Objekt in seiner Gesamtheit zu erfassen, umso mehr beginnt ihr euer inneres Auge einzubinden und zu aktivieren. Wollt ihr körperliche Aspekte sehen, so werden sie euch abgebildet, wie ihr sie seht und sehen wollt.

Wollt ihr in den Kern, in das primär Unsichtbare sehen, das Multi- oder Höherdimensionale, müsst ihr mit euren energetischen Augen sehen, dem Dritten Auge. Hier wird euch die enge Verbindung klar: Euer Auge ist Körper und Geist zugleich, wie alles, was in euch oder um euch ist. Es ist ja nichts NUR Körper oder NUR Energie, es ist immer beides, oder hat zumindest auf beiden Ebenen seine Repräsentation. Wenn ich sage, energetisch, so ist damit ja nicht nur ein energetischer, sondern es sind viele energetische Aspekte gemeint. Alles setzt sich energetisch um und erzeugt Reaktionen in euch: Farben, Klänge, Gefühle, Emotionen. Alles hat in dieser unendlichen Skala seine bestimmte Ausprägung, und ist daher so vielseitig, so facettenreich charakterisiert, wie ein physisches Bild, das ihr als Abbild in euren Augen seht. Im inneren Auge ist alles, jedes mögliche Bild vorbereitet, um mit inneren Eindrücken in Resonanz zu gehen und an euer Bewusstsein eine Rückmeldung, ein Feedback zu erlauben und zu ermöglichen.

INNERES SEHEN

Ihr könnt vor eurem inneren Auge, in der Meditation oder während anderer Zustände, jedes nur mögliche Bild sehen, so wie beim Träumen, unabhängig davon, ob ihr ein bestimmtes Bild schon jemals gesehen habt. Dies soll euch zeigen, wie grenzenlos eure Möglichkeiten und eure Fähigkeiten sind. Ihr Lieben, wenn ihr das so in euch gedanklich bewegt und bearbeitet, so seht ihr, dass ihr in der Tat ein unendliches, grenzenloses Wunder darstellt, in dem alles, kontinuierlich ausgetauscht und übertragen wird, um es euch bewusst zu machen. Ihr seht, mit wie wenig ihr euch an dieser unendlichen Palette oft zufrieden gebt, euch selbst beschränkt und euch absichtlich klein und bescheiden macht. Dies ist eine Frage eures Bewusstseins: *Was erlaube ich mir? Was bin ich mir wert in der Beziehung zu mir selbst? Was traue ich mir zu? Worauf lenke ich meine Aufmerksamkeit? Inwieweit erlaube ich mir im täglichen Leben mit der geistigen Welt zu kommunizieren? Bleibt meine Sicht nicht in einer Vielzahl von Situationen auf die Materie und den Körper beschränkt? Lasse ich weitere Dimensionen zu und beschließe, mich den geistigen Aspekten zu öffnen?* Gerade diese neuen, multidimensionalen, hyperaktiven Energien erlauben euch: Weite, Öffnung, Ausdehnung. Es ist eure Entscheidung, wie weit lasst ihr euch darauf ein? Wie sehr öffnet ihr euch, zum Sehen und Erfassen: Mit euren inneren Augen surfen, nachsehen, ob es etwas zum Sehen gibt. Ihr merkt den klaren Unterschied. Erst, wenn ihr wirklich seht, könnt ihr erfassen. Erst, wenn ihr erfasst und euch mental öffnet, euch loslasst, aus eurem begrenzenden und begrenzten Gedankengerüst und euch entfaltet, werdet ihr dem wahren Potential eures

Gehirns, ja eurem gesamtem Sein, gerecht. Ihr könnt soviel mehr, als ihr bisher glaubtet. All eure Bereiche können so viel mehr, als ihr ihnen zutrautet. Deshalb spielt ja das "Sich's zutrauen", besonders bei Aspekten, die euch bisher noch unbekannt waren, eine so wichtige Rolle. Lasst euch auf die Mystik des Unsichtbaren ein, dessen, was nur euer geistiges Auge in der Lage ist zu sehen. Und das habt ihr schon oft, sehr oft getan und euch bewiesen, dass das möglich ist.

INNERE SICHT – INNERE KONFIGURATION

Euer Drittes Auge erlaubt euch Sicht in das Unsichtbare, in das Energetische, das nicht körperlich Manifestierte, in eure Visionen, die ja kontinuierlich in euch ablaufen und oft eurer Aufmerksamkeit entgehen. Die Energien treffen dauernd ein und tun dies schon seit langem. Aber noch nicht so lange seid ihr in der Lage euch aktiv an diesem Aufnahmeprozess zu beteiligen, und bewusst Öffnung und damit Wahrnehmung zuzulassen. Ich möchte euch erneut zu diesem Schritt ermuntern, auch wenn ihr noch nicht so genau wisst, wie man das macht. Sich öffnen für neue Energien: durch das Dritte Auge atmen. Ihr benötigt es nicht zu wissen, niemand weiß, niemand kann wissen, nur eure Innere Weisheit weiß. Deshalb vertraut ihr alle eure inneren Erfahrungen an, mit Aufmerksamkeit und Absicht.

Das ist einfach der einzige Weg, so banal das klingen mag. Nicht umsonst stellen wir das Vertrauen als so bedeutend für das Zustandekommen von innerer Wandlung dar und haben euch sehr früh in diesem Manuskript damit meditativ konfrontiert. Ich weise klar darauf hin, dass ihr auch nicht für alles den ganzen Tag bewusst geöffnet sein könnt, jedoch könnt ihr die Voraussetzungen für diese Öffnung zum Beispiel in der früh geben. Ihr könnt euch entsprechend für den Tag konfigurieren, um offen zu sein, ohne kontinuierlich eure Aufmerksamkeit bewusst darauf zu lenken. Wahrscheinlich wird eure Aufmerksamkeit während des Tages oft gerade woanders gebraucht.

Achtet, wohin ihr eure Aufmerksamkeit lenkt und wem ihr sie schenkt!
Sie ist ein hohes Gut, und nicht unbegrenzt jeden Augenblick verfügbar, denn es ist immer eine Entscheidung: *"Womit beschäftige ich mich?" "Wem erlaube ich in meine Aufmerksamkeit einzudringen?"*

Arbeitet mit klaren Aufträgen am Morgen, welche Aspekte, den ganzen Tag "geschaltet", "geöffnet" sein sollen. Das ist eine völlig neue Art zu leben. Sie ist für euch möglich, weil ihr die Hintergründe und die Machbarkeit erfasst. Ihr könnt nicht für alles gleich bewusst, kontinuierlich geöffnet sein, sondern ihr könnt und müsst manches euren inneren Automatismen übertragen. Was ihr dafür für geeignet haltet, ist eure Entscheidung. Solche Festlegungen haben begrenzte Lebensdauer und sind jederzeit rückholbar. Bewusste Entscheidungen können euer Leben sehr erleichtern. Viele von euch haben derzeit fast das Gefühl, nicht mehr zu wissen, woran sie spirituell zuerst arbeiten sollen. Wenn ihr aber manche Grundhaltungen sehr bewusst in Auftrag gebt: Friede, Achtsamkeit, Sorgfalt im Denken, Handeln und Fühlen, Öffnung für Energien, die euch mit Weisheit und Erkenntnis verbinden, und diese integriert und lebt, so seid ihr deshalb ja nicht fremdgesteuert, sondern ihr legt sehr bewusst fest, in Absprache mit all euren Ebenen, welche kontinuierlichen Aktionen und Öffnungen automatisch geschehen sollen. Natürlich sollte euch eines klar sein: Es bleibt ohne Wirkung, eurer Inneren Weisheit all diese Aufträge zu erteilen und diese Grundhaltungen nicht zu leben. Es ist nötig, euch immer, wenn ihr daran denkt, und euch eure Innere Weisheit erinnert, achtsam zu beobachten und über euch selbst Rechenschaft abzugeben.

Wofür konkret soll also das Dritte Auge, euer Zugang zu den höheren Energien, geöffnet sein? Welchen weiteren Weg sollen diese Energien gehen? DAS IST KREATIVITÄT! Das ist Neuschöpfung. Ihr könnt den

weiteren Weg und die Ausbreitung dieser Energien, eurer Inneren Weisheit überlassen. Bittet bewusst, dankt, beauftragt liebend eure Fähigkeiten, lasst nichts unbeachtet, sondern berücksichtigt achtsam, und wirkt gestaltend an euch selbst. Wir sind berufen euch dies mitzuteilen, weil ihr so euer Potential sehr bewusst erlebt, und an euch manifestiert, wenn ihr so gestaltend in euer Selbst eingreift. Ihr tut dies mit manchen Aspekten derzeit schon in eurem Leben: Ihr geht auf eine Wanderung und gebt euch den Auftrag: "Geh schonend mit deinen Kräften um." Oder ihr geht auf glattem Untergrund, und sagt: "Sei vorsichtig, gib acht, dass du nicht fällst".
So sagt eurem Dritten Auge: "Öffne dich, bleibe offen, ich habe keine Angst. Ich nehme die Sicht der göttlichen Weisheit, in dem Tempo auf, in dem sie freigegeben wird und ich sie als Ganzes, integrieren und bearbeiten kann". Diese Beauftragung des Dritten Auges zur Öffnung für die geistige Welt, die kontinuierliche Erfassung, dass auf eurer Erde in jeder Materie Geist vorhanden ist, mit wechselnden Aggregatszuständen vergleichbar, und dass erst die Zusammenschau dieser beiden Aspekte das Ganze ausmacht, wird euer Leben stark beeinflussen. Es wird also nicht mehr darum gehen, ein paar Mal am Tag, morgens und abends, im Rahmen von Meditationen oder einem Gebet, sich dem Geist zu widmen, sondern kontinuierlich beides, Körper und

Geist, zu berücksichtigen. Viele von euch sind auf einem sehr guten Weg dorthin.

ALLES IST ENERGIE, IN ALLEM IST ENERGIE

Es geht hier um eigenständige, selbstentstehende Energien in Geräten, in Werkzeugen, Autos, Computer, und anderes, in Bäumen, Tieren, Kristallen, der Erde, und vielem mehr. Alles hat eine energetische Entsprechung. Ihr könnt auch anders kommunizieren, wenn ihr euch nicht nur in das Auto setzt und startet, sondern "Guten Morgen" sagt. Es ist ein Zugeständnis an Bewusstheit, die überall vorliegt. Das heißt, natürlich wird das Auto nicht bremsen können, wenn ihr Gas gebt, aber ihr könnt, wenn ihr wollt, eine Art von Kommunikation mit vielem aufbauen, was ihr bisher als leblos betrachtet habt. Wir möchten mit dem Gesagten erläutern, dass sich andere Ebenen eures Seins auftun, wenn ihr in allem einen geistigen Aspekt seht. Manche von euch werden dem nicht folgen können und werden Widerstand in sich fühlen. Dies ist gut, wie es ist. Es sollen hier auch Aspekte angedeutet werden, die eher für das Morgen als für das Heute gelten.

Erinnert euch an die Worte: "Und der Heilige Geist überstrahlte sie und sie redeten mit Engelszungen, in vielen verschiedenen Sprachen". Das heißt für euer Verständnis, dass durch entsprechende energetische

Aktivierungen im Sprachzentrum, der Zugang zu diesen Sprachen für die Jünger ermöglicht wurde. Ja, ihr mögt sagen "ein Wunder". Sehr wohl. Jedoch eines, das relativ leicht zu erklären ist. Damit will ich nicht sagen, dass es alltäglich ist, dass solche "Freischaltungen" geschehen. Das geschieht im Rahmen göttlicher Gesetze, und im Rahmen von Ordnung und Klarheit. Diese Öffnung für Erklärung, Klarheit und Offenbarung erfolgt über euer Drittes Auge. Einblick, sich ein Bild machen und ähnliches, hat mit dem Sehen zu tun. Die "Seherin": Sie sieht die Meinung dahinter, die Bedeutung, den Plan, sie löst Zeit und Raum auf und sie erkennt. Ihr werdet später sehen, hier verschwimmen die Grenzen zwischen unteren Chakren und den anderen, die im Kopf-, Halsbereich beheimatet sind. Es ist nicht nötig, diese Aspekte getrennt zu betrachten, wenn ihr sie einmal integriert und aufgenommen habt. In der Trennung ist zwar manches leichter erfassbar, bei isolierter Betrachtung, um es ganz genau zu formulieren. Die Synthese, die ruhende Sicht der Ganzheit, entsteht durch Integration dieser Einzelbetrachtungen und -erklärungen und ist natürlich die Krönung. Ihr seid Einheit, Einheit in Harmonie und Balance. Es ist das Ziel dorthin mit eurem gesamten Sein zu kommen.

Zuvor müssen alle Bausteine verstanden und integriert werden. Ich nenne euch ein Beispiel:

Nehmt einen Oldtimer, also ein altes Auto mit großer Erfahrung, vielleicht nicht mehr auf dem technisch neuestem Stand (ihr merkt, dass das Beispiel hinkt, aber ich will nur einen Punkt betrachten). Versucht es auf seine Fahrtauglichkeit zu überprüfen. Wenn ihr euch wirklich in den Verkehr wagen wollt, müsst ihr die Qualität der Bestandteile kennen, und das Auto auseinander nehmen, alles ansehen, putzen, reinigen, schmieren, die Schrauben justieren und verstehen, wie dieses Auto funktioniert. Danach werdet ihr es wieder zusammensetzen und dann kann es losgehen. Ihr werdet mit dem ganzen Auto fahren, nicht nur mit der Kupplung und Bremse. Wenn ein wesentlicher Bestandteil seine Funktion nicht erfüllt, ein Reifen platzt, so wird das Auto aus seiner geraden Fahrspur kommen (Harmonie), zu schleudern beginnen und vom Weg abkommen. Seht, so trivial ist dieser Vergleich gar nicht. "Achtet auf eure Bestandteile, ehrt, achtet, heilt sie und setzt euch wieder aus euren Teilen zusammen, zu einem Ganzen. Ihr seht, es ist sehr viel Detailarbeit, Kenntnis, Fähigkeit, Bemühung und Heilung nötig, um ein hochfunktionelles Ganzes zu erreichen.

Ein einziger, in euch nicht entwickelter Aspekt, nehmen wir an Fleiß, Vertrauen oder Disziplin, Festhalten an alten Übereinkünften, kann die Entwicklung des Ganzen gefährden. Es ist dann häufig sehr wohl der Fall, dass der Energiekörper, im Rahmen seiner Entwicklung, seiner Reinigung, Klärung, Heilung anderer Aspekte, für die Bewusstheit besteht, das Feld so bereitet, dass dieser Aspekt schrittweise mitbeeinflusst oder sogar mitgeheilt wird. Ich sage: üblicherweise. Es kann auch der Fall sein, dass tiefe Verwundungen und die Ablehnung, sich dieses Aspektes, aus welchen Gründen auch immer, liebevoll anzunehmen, die Entwicklung maßgeblich verzögert. Das Ganze besteht aus Teilen, erst das Zusammensetzen der Mosaiksteinchen ergibt ein Ganzes.

Lasst mich ein wenig systematisch bezüglich eures Dritten Auges, der Funktionen und der Möglichkeiten seiner Funktionen vorgehen. Prinzipiell ist es in der Lage, Geistiges zu sehen, zu erfassen, und in euren logischen Verstand zu senden. Das bedeutet: Es kann im Außen die geistige Ebene von Aspekten erfassen, die materiell, physisch vorliegen, oder von Aspekten, die nicht in der Materie bestehen, weil sie höherdimensional sind. Das heißt: Dieses Chakra ist so konstruiert, dass es für alle Energien, ob sie physisch präsent sind, oder nicht, ansprechbar ist. Diese Energien können auf die eine oder andere Weise in euch sichtbar gemacht werden. Sichtbar machen bedeutet, dass die Sinneszellen in eurem physischen Auge, entsprechend aktiviert werden, und die Information zu einem Bild zusammengesetzt wird. Diese energetische Information kann von Strukturen kommen, die physisch vorhanden sind oder auch nicht (Elfen, Engel als Beispiel). Die durch das Dritte Auge aufgenommene Energie kann auch zu einem anderen Erfolgsorgan fortgeleitet werden, zum Beispiel zu den Riech- und Hörzellen. Wenn euch ein Engel besucht, etwas diktiert oder mit euch spricht, geht der Impuls automatisch zu den Fingern, ihr schreibt oder zur Kehle, ihr sprecht.

FÜHLEN

Während die Krone die universelle Energie aufnimmt und in erster Linie in das Gehirn weiterleitet, so ist das Dritte Auge eher mit den Sinnesorganen verbunden, um euch die Information über diese bewusst zu machen: Sehen, Riechen, Hören, Schmecken und Fühlen.

Das Fühlen ist ein sehr komplexer Bewusstwerdungsvorgang. Während beim Sehen die Sinneszellen des Auges, wie beim normalen Schauen aktiviert werden, so wird beim Fühlen ein ganzer Energiekörper in und um euch angesprochen. Primär reagiert zwar das Herz, letztendlich euer Emotionalkörper, der energetisch von sehr vielen, nicht organisch zugehörigen "Fühlpunkten" gespeist wird. Ihr wisst, dass ihr Tastkörperchen auf der Haut habt, die euch das Tasten ermöglichen. Rein physisch Tasten und energetisch Fühlen sind eng miteinander verbunden,

und werden von identen Aufnahmestellen an der Haut wahrgenommen. Eure Haut ist ein sehr bedeutendes Sinnesorgan und Gegenstand einer Fülle von Erkrankungen.
Dies ist nicht weiter verwunderlich. Eure Haut entspricht eurer energetischen Außenschicht. Fühlpunkte werden aktiviert, wenn sie energetisch auf Impulse reagieren und euch so zu Bewusstsein kommen. Die Energie kann auch in der Gegenrichtung fließen und Gefühle oder Emotionen können den energetischen Zustand der Haut wesentlich beeinflussen. Es würde zu weit führen, die einzelnen Hautkrankheiten im Detail zu erklären, sodass ich mich auf die Erklärung auf einer Erkrankung fokussieren möchte, nämlich der Psoriasis, der Schuppenflechte.

DIE SCHUPPENFLECHTE

Dies ist eine Erkrankung, die mit dem Auftreten von schuppenden Hautstellen einhergeht, welche einen deutlichen Juckreiz erzeugen. Schuppende Stellen bedeutet "übersetzt", dass die Haut etwas loswerden will, indem die ganz oberflächlichen Hautpartien abgestoßen werden. Der Juckreiz hat als Bedeutung die Aufforderung an den Betroffenen, sich mit der Lebenssituation auseinanderzusetzen, die zum Auftreten dieser Erkrankung geführt hat. Die Haut möchte etwas loswerden, was derjenige aber –

emotional gesehen, oft unbewusst – nicht hergeben will. Er will sich nicht trennen, aus Angst, aus Gewöhnung, aus Trotz oder mangelndem Bewusstsein. Das sind emotionale Erlebnisse. Der/die Betroffene ist jedoch nicht bereit in einen Lösungsprozess einzutreten. Die Haut erinnert in Form des Juckreizes daran, dass eine Entscheidung zur Bearbeitung fallen soll. So quälen sich Betroffene oft lange, ohne sich auseinanderzusetzen und zu heilen. Dies ist, wie ihr wisst, nicht wertend und großes Mitgefühl aller ist hier wohl angezeigt.

Wie komme ich vom Dritten Auge auf die Tastkörperchen der Haut? Das Dritte Auge ist das Zentrum der Aufnahme von Energien, die euch im täglichen Leben begegnen und in eurer direkten Umgebung beheimatet sind. Über die Tastkörperchen der Haut, nehmt ihr fühlbare Eindrücke auf. Gefühl und Fühlen hat eine gemeinsame Wurzel. Körperlich und geistig fühlen, hat dasselbe Organ als gemeinsamen Empfänger und das sind die Tastkörperchen in der Haut. Dieses Tastsystem ist aus Körperchen und Verbindungen, Meridianen aufgebaut und "komponiert", und sendet diese Informationen zu einer Reihe von anderen Zentren weiter: Zum Herzen, als Zentrum aller Gefühle, zur Zirbeldrüse, Hypophyse und den anderen innersekretorischen Organen, dem Hormonhaushalt. Sie können auch

anders in ihrer Funktion aktiviert oder beeinflusst werden. Lasst mich für diesen Zusammenhang ein Beispiel bringen: Ihr hört ein wunderschönes Musikstück und es rieselt euch über den Rücken, ihr reagiert mit Gänsehaut. Es präsentiert sich also Hören mit bestimmter Qualität an eurer Haut. Immer wenn dies vorhanden ist, kommen bestimmte Energien mit euch in Kontakt und es entstehen "Entladungen". Sehr viele Hautreaktionen basieren auf diesem Phänomen. Verschiedene Sinneszellen wandeln nun die Eindrücke, die sie erhalten, im Sinne der Resonanz entsprechend um, entweder in Bilder, Töne, Empfindungen, Gerüche, oder senden sie ebenfalls dem Resonanzprinzip folgend, zu den inneren Organen, die dieser Resonanz entsprechen.
Für sogenanntes Hellfühlen ist die Durchgängigkeit der Meridiane und der Knotenpunkte bedeutsam.

AN DIE OBERFLÄCHE KOMMEN

Bisher haben wir über Energien gesprochen, die – auf welche Art und Weise auch immer – an euch herangetragen werden. Informationen, die entweder
1.) **automatisch aufsteigen** durch Ansprechen von unbewusst Abgespeichertem in Zusammenhang mit Erfahrungen oder in Verbindung mit eurer ursprünglichen Anlage,

oder 2.) **absichtsvoll entstehen** im Rahmen von bewusster Hinwendung bei Meditation, Hypnose oder ähnlichem.

In beiden Situationen werden die Informationen über das Dritte Auge gesehen. Diese Energien können zu den Sinnesorganen (Hören, Riechen, Schmecken, Fühlen) weitergesandt werden. Wie vorher gesagt, spielt bei jeder Art von Fühlen das Herz eine bedeutende Rolle. Die Informationen aus eurem Inneren suchen über die Resonanz das entsprechende Erfolgsorgan. Ihr hört zum Beispiel eine Stimme, habt ein Gefühl in eurem Herzen oder ein "undefinierbares" Gefühl, und all das präsentiert sich an eurer Haut und wird dann weiter bearbeitet. Die Informationen müssen umgesetzt werden, um in euer Bewusstsein einzudringen, sich mit euch bekannt zu machen. Manchmal seid ihr ganz erstaunt, weil sich bestimmte Informationen oder Empfindungen anders oder neu präsentieren, als ob sie lange oder überhaupt noch nicht da gewesen wären. Je intensiver ihr an euch arbeitet und eure inneren Schätze ersucht, an eure Oberfläche zu treten, desto prachtvollere Erlebnisse werdet ihr mit euch, und mit anderen haben. Ich habe oft gesagt: "AN EURE OBERFLÄCHE KOMMMEN". Nun wisst ihr, was das bedeutet. Dies ist körperlich gesehen eure Haut.

DIE HAUT ALS SPEICHER

Die Haut ist ein bedeutendes Speicherorgan, nicht nur für Gefühle. Was ihr beim Klopfen, Streicheln oder Massieren erfahrt, basiert darauf, dass viele verschiedene Energien abgespeichert sind, die im Rahmen solcher körperlicher Aktivierungen freigegeben und weiter bearbeitet werden können. Dies ist ein Thema für eine weitere Betrachtung. All das gehört zum Dritten Auge im Rahmen eures Verständnisses von Energie und Geist, zur Verarbeitung von abgespeicherten Erfahrungen. Habt ihr euch Klarsicht und Klarfühlen erarbeitet, ermöglicht dies Zugang und Interpretation von äußeren und von inneren Informationen. Wie Klarheit generell gesehen durch Entwicklung und Transformation des Bewusstseins entsteht, so ist auch Klarsehen und Klarfühlen in diesem Zusammenhang zu sehen. Viele innere Reinigungs- und Klärungsschritte mit Lösung aus emotionalen Abhängigkeiten und mentalen Mustern sind nötig, um sich eine entsprechende Entwicklung zu erlauben.

Wie der Knochen, ist auch die Haut ein bedeutendes Speicherorgan, nicht nur wegen ihrer Größe, sondern auch wegen ihrer Exposition. Der direkte Informationsweg zu den inneren Organen geschieht über energetische Verbindungen, da jedes Organ seine spezifische Repräsentation auf der Haut, am

Ohr und den Fußsohlen besitzt. Durch die Stimulation von Meridianen können entsprechende Energieflüsse in den inneren Organen herbeigeführt werden, die zur besseren Durchblutung oder Harmonisierung führen können. Der Schmerzreiz, der auf Druck, auf spezielle Punkte entsteht, kann eine wichtige Information über den Zustand eines inneren Organs darstellen. Sowohl die Absicht dessen, der diese Heilarbeit verrichtet, als auch das, was tatsächlich physisch geschieht, ist von großer Bedeutung. Ihr mögt euch vielleicht manchmal gefragt haben, was an Streicheln so wohltuend ist? Es ist nur über die Haut das Ansprechen aller gefühlsmäßigen Zentren in euch möglich, die eine Verbindung zu Energieebenen herstellen, die Wohlgefühl und Entspannung vermitteln. Daher sucht euer Körper solche Massagen, liebevolle Umarmungen oder körperliche Heilbehandlungen, da viele Traumata auf dieser Ebene leicht zugänglich sind, und dadurch ebenso Lösung geschehen kann, wie durch geistige Arbeit. Für manche, die sich unbewusst, bestimmte gefühlsmäßige Freisetzungen und Lösungen nicht erlauben, ist ein solches Ansprechen auf körperlicher Ebene ein passender Zugang. Deshalb ihr Lieben, vergesst euren Körper nicht, erlaubt ihm Entspannung, Wohlfühlen und Ruhe. Bestimmte körperliche Erfahrungen, wie Missbrauch und Züchtigung, und solche, die in Form von Todes-, Misshandlungs-, oder

Folterungserfahrung geschahen, hinterlassen sehr tiefe Spuren, bleiben über lange Zeit abgespeichert, und benötigen nicht nur geistige Lösungs- und Heilungsansätze, sondern auch körperliche. Der direkte Ansatz, indem der Körper wieder physisch "überzeugt" wird, dass er diese körperlichen Erfahrungen loslassen kann, ist häufig Voraussetzung dafür, dass Heilung geschehen kann. Wenn wir bei diesem Punkt eher ausführlich verharren, so lasst euch bestätigen, dass ihr solche Heilungsarbeit durch eure Absicht beginnen und innerlich gestalten könnt, dass aber durchaus dann die eigentliche Arbeit von anderen getan werden kann. Ihr müsst nicht alles selbst lernen. Eure Bereitschaft ist gefragt. Seid es euch wert, nehmt euch für euch Zeit, nehmt euch selbst wichtig, öffnet euch, erteilt euch Bereitschaft zur Lösung, dann legt euch hin und genießt.

Viele von euch neigen dazu, sich sehr stark geistig zu engagieren und die körperliche Ebene als nicht so bedeutend zu empfinden. Ja, das Verstehen ist sehr wichtig, das Angehen eines Problems auf körperlicher Ebene, ist jedoch ein ebenso bedeutsamer Faktor: Verstehen auf allen Ebenen, Heilen auf allen Ebenen. Ein Aspekt kann alle anderen aus dem Gleichgewicht bringen. Harmonie entsteht, wenn alle Aspekte liebevoll betrachtet, angenommen, erfasst, erkannt und behandelt werden: Spirituell, emotional, gefühlsmäßig, mental, physisch. Ihr werdet sehen, wie sehr eines das andere beeinflusst, ohne, dass sie einander ersetzen können, weil alles seine eigene Aufmerksamkeit durch euch benötigt.

SPIRITUALITÄT UND DRITTES AUGE

Eine wesentliche dritte Ebene für die euer Drittes Auge zuständig ist, ist die Verbindung zu eurer Spiritualität, zur wahren Aufgabe für dieses euer Leben, zur Heilung aller Aspekte aus höherer Sicht, und die Weiterleitung dieser Information zu eurer Seele, eurem Höheren Selbst.

Das ist noch viel komplexer als Hellfühligkeit zu erklären, denn Seele, Höheres Selbst sind ja multidimensional. Ohne jetzt auf die verschiedenen Dimensionen eingehen zu wollen, ist klar, dass Seele und Höheres Selbst höherdimensional arbeiten, so auch die Innere Weisheit! Es geht hier erst einmal um Information aller euch betreffenden Aspekte, eurer Erfahrungen, Entscheidungen, Erkenntnisse, Regungen, Wahrnehmungen an diese drei Strukturen, die nur zu eurem besseren Verständnis in drei geteilt sind. Das ist leicht verständlich, da die Aufnahme von Energie durch Seele, Höheres Selbst und Innere Weisheit, die selbst Energie darstellen, einfach funktioniert. Nun kommt die Abgleichung der Impulse dieser drei Strukturen mit der individuellen Persönlichkeit. Hier spielt das Dritte Auge durch die unendliche Fülle an vorhandenen Informationen eine große Rolle. Es entsteht ein Resultat durch Einbau und Zusammenführung dieser Informationen, über die vorher gesprochen wurde, hinsichtlich ihrer Bedeutung für eure spirituelle Entwicklung. Da alles zu eurem Besten, zu eurem höchsten Wohl im Hinblick auf euren spirituellen Weg geschieht, so erhaltet ihr eine Antwort auf euer Handeln und Tun und auf all eure Gedanken und Entscheidungen in dieser Hinsicht. Das in sich Hineinhorchen, das Fühlen, das Hören auf die innere Stimme, repräsentiert diesen Aspekt und das vor dem Hintergrund: Wie soll die nächste Situation aussehen? Um jeden von euch die Erfahrung machen zu lassen, die ihm/ihr am wichtigsten ist und zur weiteren spirituellen Entwicklung, die notwendigen Informationen übermittelt.

Elfen ansehen, und dann wieder fortgehen und einschlafen, ist sicher schön, jedoch das Entscheidende ist: Welche Rolle spielt dieses Erlebnis in eurem Leben? Erhaltet ihr durch ein derartiges Erlebnis ein solches Wohlgefühl, dass es „Blockaden des Zweifels", um ein Beispiel zu nennen, endgültig auflöst? Dann hat das Erlebnis seinen Zweck erfüllt! Erzählt man es am nächsten Morgen am Markt, so war das Erlebnis möglicherweise kontraproduktiv, wiewohl auch das nicht sicher ist, denn es kann jemand zuhören, den dieses Erlebnis so beeinflusst, dass es sein Leben verändert. Führt diese Begegnung

in euch zum Impuls intensivere Verbindung zu diesem Energiereich herzustellen? All das ist sehr fein gesponnen und sehr komplex.
Ehrt eure Oberfläche, ehrt eure Sinnesorgane, wo auch immer sie sind, und es sind deren viel mehr als angenommen und von eurer Wissenschaft akzeptiert wird. Wieder sage ich: Fühlt. Lasst euch auf das heilige Abenteuer mit euch selbst ein, ladet euch darauf ein, ihr werdet wundersame Erfahrungen mit euch machen. Seid dankbar, glücklich und freut euch über alles, was euch nahe gebracht wird. All das ist Heiliger Geist.

Nun ihr Lieben, vieles gäbe es noch zu sagen, über diese beiden zentralen, wunderschönen Energiestrukturen, Scheitelchakra und Drittes Auge, die in ihrer farblichen und tonalen Ausprägung, strahlend bis in das kleinste Detail ein Wunder der Schöpfung darstellen. Alles ist vorhanden. Für jede auf- und eintretende Energie ist die passende Resonanzstruktur vorbereitet, die erlaubt in Kontakt zu treten, anzunehmen, weiterfließen zu lassen und spezifische Reaktionen auszulösen, die euer gesamtes Sein ausmachen.

MEDITATION: SCHEITELCHAKRA UND DRITTES AUGE
Zentral bei der Erfassung dieses Mysteriums ist es, sich zu öffnen.

So macht es euch bequem, beginnt euch wohl zu fühlen, entspannt euch und atmet. Lasst euren Alltag beiseite, wenn Gedanken kommen, so sendet sie liebevoll fort. Sagt ihnen, ihr benötigt sie nun nicht. Atmet, zentriert euch, schließt die Augen und haltet eure Aufmerksamkeit auf eurem Scheitel und eurem Dritten Auge. Haltet in völliger Ruhe mit beiden intensiv Kontakt, atmet durch sie ein und aus, ihr wisst bereits, dass damit atemabhängig Energieeinströmen und -ausströmen gemeint ist und haltet Fokus darauf. Verliert den Kontakt zu beiden Chakren nicht und ruft mit eurer Absicht die Energie "Sich Öffnen" auf, sich bedingungslos, in Liebe und Vertrauen der göttlichen Energie öffnen. Fühlt was geschieht. Öffnet euch mehr mit jedem Einatmen, macht euch bereit, seid bereit für diese Verbindung, fühlt die Liebe eures göttlichen Vaters, eurer göttlichen Mutter. Atmet und gebt euch diesem Akt der Verbindung hin. Freut euch und genießt, fühlt euch wohl und achtet, wie sich diese Energien besonders in eurem Kopf ausbreiten. Fühlt wie euer ganzer Kopf zu pulsieren beginnt. Bittet eure Innere Weisheit diese aufgenommenen subtilen Energien in euch dorthin zu senden, wo sie benötigt werden, um euch Bewusstsein zu schenken. Bleibt so lange in dieser Energie, als es euch passend erscheint, dankt und kehrt wieder in euer normales Bewusstsein zurück.

Das ist das Wunder der Schöpfung, dieser eigenständige Kosmos, der zwar selbständig, aber dennoch zur Kommunikation vorbereitet, ja angehalten ist. Wieder sage ich, dass diese energetischen Strukturen, separat besprochen werden, jedoch in der Tat in Funktion ein Ganzes darstellen. Untrennbar ist in euch alles mit allem verwoben, und die Auftrennung mental, emotional, spirituell, körperlich, in Chakren darf nicht zu dem Schluss verleiten, dass eines vom anderen isoliert ist. Je weiter ihr in eurem Bewusstseinserweiterung fortschreitet, umso mehr werdet ihr diese Einheit und Ganzheit empfinden und mit ihr auch entsprechend umgehen. Stellt euch ruhig hin und wieder, als völlige Einheit vor, nicht gegliedert, sondern ganz, macht eure Übungen, oder euer Zurückziehen und empfindet euch vollständig, komplett, EINS. Diese bewusste Verbindung von dem, was ihr als getrennt seit eurer Kindheit, eurer Erziehung dargestellt bekommen habt, erlaubt euch tiefe Zugänge, zu euch als Ganzes.

Ihr habt diese Erläuterungen über das Kronen- und das Stirnchakra erhalten. Versteht, dass immer beide Richtungen vorhanden sind, Informationen laufen von außen nach innen, und umgekehrt. Diese Aussage ist nicht ganz korrekt, da es in Wirklichkeit kein hinein oder hinaus gibt, sondern es sind diese

Energiebewegungen eher als stehende Wellen elektromagnetischer Natur zu sehen, und weniger als äußere Bewegung. Das, was ihr im Rahmen solcher Prozesse tut, ist an Bestehendes anzudocken, euch in das Ganze einzuklinken. Stellt euch vor, was das für einen Verkehr gäbe, mit wie viel energetischen Unfällen hier andauernd zu rechnen wäre. Nein, das ist nicht der Fall. Es sind alle Bahnen zur Energieausbreitung wie die Chakren, vorbereitet. Das ist schwer für euch zu verstehen, doch wenn ich das sage, so ist dies so. Erlaubt euch Annäherung, Aufnahme, Integration und Manifestation dieser Aspekte. Nur auf Basis dieser Überlegungen kann etwas durch eure Absicht alleine geschehen, nur darauf basierend kann es die Innere Weisheit geben, weil alles vorbereitet ist. Darin zeigt sich das Wunder Schöpfung in ganz besonderer Weise. Der entscheidende Punkt ist, wie bei der vorangegangenen Meditation dargestellt, zu fragen: *„Bin ich bereit mich einzulassen, zu öffnen, zu lösen, zu heilen, achtsam und sorgfältig mit mir umzugehen?"*

Natürlich ist Absicht alleine oft nicht wirksam, sondern es sind energetische Zugangswege, zu den Mysterien des Lebens vorhanden, um das Rechte zum rechten Zeitpunkt zum Höchsten Wohl geschehen zu lassen. Es ist nicht alles für alle zum gleichen Zeitpunkt passend. Letztendlich entscheidet dies ihr. Ihr seid es, die diese individuellen Voraussetzungen schaffen, um Zugang zu erhalten. Es hindert euch niemand, zumindest nicht wir. Ihr könnt euch nur selbst im Wege stehen. Soweit, so gut. Ihr seht, immer erhaltet ihr zusätzliche Information, die zum Verständnis, zur Integration des Übermittelten förderlich ist. Es geht nicht darum, dass ein Thema in einer bestimmten Zeit abgehandelt wird, sondern, dass bei allem, die Information nach dem letzten Stand des gerade noch Möglichen gegeben wird. Ihr wisst, dass sich die Energien, die Zugangswege, die Art von Übertragungen ändern, in Evolution begriffen sind und deshalb ändert sich auch bei manchen Aspekten und Bereichen der Inhalt und die energetische Ausformung.

KEHLCHAKRA

Lasst mich in die Überleitung zum Kehlchakra kommen. Wir haben erklärt, dass Scheitel und Stirne für die Aufnahme bedeutend sind, besonders der Scheitel, eure Krone. Wiewohl euch das, was ihr bearbeitet, denkt und entscheidet, wieder auf dem gleichen Weg energetisch verlässt, so ist doch die primäre Funktion des Scheitels in Form von Aufnahme betont. Bei der Stirn ist dies ähnlich. Bei der Kehle ist die Betonung unterschiedlich. Sie ist in erster Linie für die Produktion von Ausdruck, verbal und nonverbal zuständig. Es wäre eng gesehen, die Funktion des Kehlchakras ausschließlich auf den Ausdruck zu begrenzen. Es geht hier sehr um Kreativität, um Ausleben der eigenen Vision, um Annahme der eigenen Grenzenlosigkeit. Die Kehle gestaltet und formt. Sie gibt Information auf alle Ebenen weiter, sie ist Kommunikator und prägt euer Erscheinungsbild nach außen und innen. Die Kehle ist mit den innersekretorischen Drüsen, der Schilddrüse und den Nebenschilddrüsen energetisch eng verbunden. Sie steuert hier das Tempo und die Art wie ihr lebt, wie schnell, wie intensiv, und das ist besonders wichtig, die vielfache Funktion eurer Knochen, auf die ich noch später eingehen werde.

Die primäre Aufgabe der Kehle ist Ausdruck im weitesten Sinne des Wortes. Ausdruck im Tun, Handeln, Entscheiden, Kreieren, Entfalten. Ist diese Funktion in euch aus Gründen von Erlebnissen und eurer Reaktion darauf, aus Gründen von karmischen Entscheidungen zum Erleben von Ausgleich oder aus Gründen des Lernens, beeinträchtigt, daher nicht harmonisch, so werdet ihr den Ausdruck eures Seins auf diese Art leben. Entsprechende Rückkopplungsmechanismen greifen in den Funktionszustand von Schild – und Nebenschilddrüse ein. Nehmen wir ein Beispiel: Es ist in eurem zellulären Gedächtnis abgespeichert, dass euer Ausdruck, euer Reden in

Freiheit, behindert wurde. Es war euch einmal zum Nachteil, euch auszudrücken. So habt ihr beschlossen, manche Aspekte in eurem Kehlchakra, die dieser Fähigkeit entsprechen, abzuschalten. Das heißt für eure Umgebung: Ihr artikuliert und kommuniziert wenig und drückt euch nicht aus. Das ist ja keine Wertung für uns, weil die geringere Aufmerksamkeit nach außen, oft mit einer intensiven Beschäftigung mit dem Innen verbunden und ausgeglichen werden kann. Dies hat Auswirkungen auf die Erfolgsorgane: Es wird die Schilddrüse, die die Antriebshormone produziert, die bei vielen, wenn nicht allen Funktionen eures Lebens eine wesentliche Rolle spielen, in Disharmonie gelangen. Es tritt Unter- oder Überfunktion ein, abhängig von anderen Ausprägungen eures Lebens. Es ist nicht so, dass eine einzige Funktion einer Begrenzung, eines Defizits, bei einem solch zentralen Organ wie der Schilddrüse, eine bestimmte Störung hervorruft. Es mag in diesem Zusammenhang genug Information sein, dass die Funktion der Schilddrüse blockiert sein kann und diese Blockade durch die Hinwendung zum Ausdruck durch euch, erkannt werden kann. Das heißt: Der Ausdruck durch euer Selbst gehört durch euch betrachtet, beobachtet, analysiert und dann gefragt: *„Warum drücke ich mich so aus, wie ich das tue? Worauf basiert das? Was ist der Grund dafür?"*

Euer Ausdruck ist noch von anderen Ebenen eures Seins abhängig und daher multifaktoriell. Ein Ansatz für Verständnis ist durch diese Information gegeben. Wenn ihr überall an Entfaltung behindert wurdet, so ist die logische Konsequenz, dass ihr gelernt habt, dass andere die Macht haben, eure Entfaltung zu beeinflussen. Und ihr akzeptiert dies. Ihr könntet auch genau das Gegenteil tun, wenn ihr das erkennt. Das heißt, ihr erkennt es ja deshalb, um es zu ändern. Der Weg der Erkenntnis könnte nun folgendermaßen aussehen: *„Ich erkenne, dass ich nicht entscheide, mich und meine Aspekte nicht darstelle, früh klein beigebe, mich nicht traue, schnell versage und aufgebe, mir keine Ziele setze und letztendlich auch nichts weiterbringe"*. Wenn ihr dies an euch erkennt, so führt der Weg einmal an das Halschakra, um es zu fragen: *„Wie geht es dir?"* oder fragen zu lassen, die Hand darüber zu halten und zu fühlen. Die Information wird nun, bei richtiger Anwendung, unabhängig von der Methode ident sein: Hier besteht eine Blockade, der Funktionszustand ist beeinträchtigt, die Anpassung des Hormonspiegels auf entsprechende äußere Ereignisse funktioniert nicht. Es gilt an diesem Problemkreis der Entfaltung, der Kreativität, des Ausdruckes zu arbeiten, dargestellt an den Reaktionen auf frühere Erlebnisse. Versteht: Alles, was nötig ist, ist sich der alten Erlebnisse bewusst zu werden, sie anzuerkennen, sie zu bearbeiten, das Thema zu transformieren, um es schließlich loszulassen und zu sagen: *„Ich bin völlig funktionstüchtig!"* Hier ist entsprechende Energiearbeit an der Kehle, und liebevolle, körperliche Behandlung für diesen Bereich notwendig. Immer ist Aufmerksamkeit, Entschluss und Achtsamkeit nötig. Dies stellt sehr wohl eine Herausforderung dar, da DAS genau den Aspekten und Fähigkeiten entspricht, die bei Menschen mit diesem Problem, nicht sehr ausgeprägt sind. Hier kann als erster Schritt der Behandlung externe Energiehilfe angebracht sein. Die tatsächliche Heilung erfolgt immer durch Verständnis, Erkennen und Bereitschaft zur Lösung. Gerade in einer Situation, die von Antriebslosigkeit, mangelnder Entschlusskraft oder fehlendem Willen zur Entscheidung geprägt ist, können diese Schritte nicht getan werden. Es ist oft ein langes Verharren in einer solchen Situation die Folge. Erst besondere Ereignisse in Form von Visionen, persönlichen Begegnungen, Hilfen verschiedener Art, können dazu füh-ren, dass es durch entsprechende weiterführende Unterstützung zum Durchbrechen des Musters kommt.

Besonders bei ernsthafter Erkrankung, hervorgerufen durch andere auslösende Faktoren, kann diese Grundhaltung zu einem ernstlichen Problem werden, das zuerst gelöst werden muss, um die Ursachen, zum Beispiel eines Krebsproblems, überhaupt erst angehen zu können. Wenn also basierend auf der Problematik der Kehle, und damit der Schilddrüse, keine Kraft, kein Wille vorhanden ist, keine Entscheidung getroffen werden kann, hat es wenig Sinn, das spezifische Problem der Krebserkrankung aufarbeiten zu wollen. Zuerst sollte die Blockade und Funktionsstörung des Kehlchakras bearbeitet werden, und es kann zum Beispiel das Herz, bei mangelndem Selbstwert als Ursache der Krebserkrankung, schrittweise in die Behandlung einbezogen werden. Ihr seht also, es gibt eine bestimmte Hierarchie, der zu bearbeitenden Themen, nach der vorzugehen, ratsam ist. Dennoch gilt es immer, die Ganzheit nicht aus den Augen zu verlieren.

Sehr intensiv ist die Kehle in den Ausdruck eurer Grundhaltungen involviert. Diese sind sehr stark mit eurem generellen Ausdruck, eurer Haltung, eurer Ausstrahlung verbunden. Natürlich haben hier auch andere Strukturen ein Wörtchen mitzureden. Es ist die Ausstrahlung von verschiedenen Aspekten in euch abhängig und Ausdruck eures gesamten Seins. Ich will euren Blick für Zusammenhänge schärfen, die bedeutend sind und euch Anstöße für mögliche Änderung in euch selbst geben. Es geht hier um die oft schon angesprochenen Aspekte wie Achtsamkeit, Aufmerksamkeit, Achtung und Sorgfalt, um Aspekte wie Bereitschaft zur Ruhe, zur Kontemplation, zum Frieden, zu Fairness, zum Ausgleich, zu Großzügigkeit, zu Vertrauen, und vieles mehr. Diese Grundhaltungen in Harmonie und Mitte gehalten, machen euer Bild und euer Sein aus. Sie können von euch, an euch sorgsam beobachtet, kontinuierlich geändert werden.

MEDITATION: DAS LÄCHELN IN DIE KEHLE

Ein wichtiger Zugang zu euch selbst ist der freundliche, heitere, liebevolle Umgang mit euch.

Macht es euch bequem, atmet, fühlt euch wohl mit euch, seid in einer für euch angenehmen Umgebung und wenn es euch recht ist, schließt die Augen. Lasst die Gedanken von euch weichen und zieht euch in euch zurück, zentriert euch, atmet, lenkt eure volle Aufmerksamkeit auf euch, auf euer Kehlchakra, auf den Ort eurer Kehle. Macht euch vertraut damit, fühlt hinein, in welchem Zustand, in welchem Aktivierungsgrad, eure Kehle ist. Atmet ruhig ein und aus, beginnt dieses Spiel des Ein – und Ausströmens von Energie. Tut dies, bis ihr das Gefühl habt, dass sich eure Kehle öffnet, dass die Energien leichter und lockerer fließen, dann haltet Fokus und beginnt zu lächeln. Stellt euch eine Situation eures Lebens vor, in der ihr gelächelt habt, voll Liebe, Güte, Zärtlichkeit und Freiheit. Dann haltet diese Gefühle und lächelt in eure Kehle. Atmet und lächelt. Bringt euer Lächeln mit eurer Kehle in Kontakt und lächelt in sie hinein. Fühlt wie dieses Lächeln eure Kehle befreit. Für manche, deren Kehle sich wie zusammengeschnürt anfühlt, ist dies tatsächlich eine enorme Befreiung. Tut dies weiter. Atmet und lächelt. Fühlt einmal wie ihr Bereiche eures Kehlchakras empfindet, wie sich dies anfühlt, fühlt die Wärme und Leichtigkeit, die Anmut, die von eurer Kehle ausgeht. Achtet auf die nächsten Worte, wie sie klingen, wenn ihr mit jemandem sprecht. Atmet, bedankt euch. Kehrt in euer Wachbewusstsein zurück, und öffnet die Augen.

Ihr Lieben, das ist nicht Heilung eures Kehlchakras, weil Heilung immer nur durch Erkennen und Lösen der zugrunde liegenden Ursachen erfolgen kann. Was solche Energieübungen bewirken, ist, den Funktionszustand des bearbeiteten Chakras zu ändern. Diese Änderung führt zu einer erhöhten Antriebsbereitschaft für Entscheidungen, für Überlegungen, zur Bewusstmachung von notwendigen Änderungen, von Anpassungen, zur Bewusstwerdung von Situationen, die mit eurem generellen Ausdruck zu tun haben. Durch solche Arbeit mit euch selbst, kommen Dinge in Gang, die euch die Lösung der grundlegenden Problematik ermöglichen oder zumindest erleichtern. Solche Änderungen erfolgen nicht längerfristig bei einmaliger Anwendung, sondern bewirken erst bei intensiver Zuwendung und Wiederholung die oft ersehnte Umstellung. Ihr werdet dies am Besten an euch selbst erfahren.

DIE BEDEUTUNG DER NEBENSCHILDDRÜSEN

Zusätzlich zu diesen Aspekten, haben die Nebenschilddrüsen, die ebenfalls zum Einflussbereich des Kehlchakras gehören, mit der Speicherung von Information im Knochengerüst zu tun. Die Funktionstüchtigkeit der Nebenschilddrüsen besitzt große Bedeutung für das Knochenmark und seine Zirkulation, und für den Energiefluss in diesem Bereich. Die Knochen beinhalten die Hauptmenge an kristalliner Struktur in euch. Diese hat als Aufgabe nicht nur euch physische Stabilität zu erlauben und zu verleihen, sondern auch das Bewahren und Abspeichern von Informationen. Dabei geht es nicht nur um Erlebnisse und Erfahrungen, sondern vor allem um die kontinuierliche Bereitstellung eurer ursprünglichen Anlage, der Blaupause. Darunter versteht man das abgespeicherte Gedächtnis an euren göttlichen Urzustand, der Essenz.
Ihr werdet fragen: *„Was bedeutet dies für die Funktion der Chakren?" Wie bereits dargestellt* sind die Chakren hochsensible Sender, Empfänger, und Verarbeiter von energetischen Informationen, oder allgemein gesprochen, von Energien. Sie sind beweglich, vibrierend, kontinuierlich aufnahme- und abgabebereit, pulsierend. Das physische Gegenstück,

die physische Entsprechung ist der Knochen, in erster Linie, Kopf, Wirbelsäule, Becken, besonders das Kreuzbein. Ihr könnt euch dies vorstellen, wie bei einem Computer: Soft- und Hardware. Natürlich kann nur Energie abgespeichert werden. Aber es muss ein bestimmtes Maß an Speicherkapazität vorhanden sein und diese stellt der Knochen dar. Jedes Chakra, und viele andere Energiepunkte, ja alle, auch wenn wir dies hier nicht genau erörtern, haben Speicherplätze, abgelegtes Gedächtnis. In diesem ruht die Energie nicht, sondern bewegt sich, weil sich Energie immer bewegt. Manche Abspeicherungen, sind seit tausenden Jahren in Funktion. Hier findet eine sehr intensive Beziehung zu eurem Unterbewusstsein statt. Ich will nicht sagen, dass eure Knochenspeicher und das Unterbewusstsein völlig ident sind, aber es ist hier ein hohes Maß an Überschneidung gegeben. Deshalb ist die energetische Arbeit an der Wirbelsäule zur Freisetzung, als Voraussetzung zum Realisieren im Bewusstsein, sehr wesentlich und gehört mit Aufmerksamkeit und Akribie, immer wieder mit dem Ersuchen um Hilfe, dem Bitten und Danken verbunden. Es ist nicht so wichtig für uns, dass ihr bittet und dankt, sondern in erster Linie für euch.

DER KNOCHEN ALS SPEICHER FÜR ENERGETISCHE INFORMATION

Die Speicher haben mannigfaltige Aufgaben, sind unter intensiver Beobachtung, und in viele Netzwerke und Kommunikationen in euch einbezogen. Euer Gedächtnis, das heißt, die Gesamtheit aller abgespeicherten Fakten und Fähigkeiten, auch der Möglichkeiten außerhalb von Zeit und Raum, hat bewusste und unbewusste "Abteilungen". Je weiter die spirituelle Entwicklung fortschreitet, umso geringer wird der Anteil an Unbewusstem. Die Chakren stehen mit ihren Speichern in fortwährendem Kontakt. Wirbelsäulenbeschwerden können Ausdruck für Probleme sein, die bestimmte Chakren betreffen. Wiewohl jedes Chakra seinen eigenen Speicherbereich im Knochen besitzt, ist das Kehlchakra in seiner Gesamtheit für die Funktion, die Instandhaltung und den Kontakt mit allen Speicherplätzen zuständig. Störungen, die das Kehlchakra betreffen, haben generelle Auswirkungen auf die Speicherung im Knochen. Jedes Chakra ist für sich mit dem ihm entsprechendem Bereich der Wirbelsäule in intensiver Kommunikation. Silizium und andere Kristalle im Knochen sind in der Lage Speicherfunktionen zu übernehmen und diese auszuüben. Beachtet die Ähnlichkeit zu dem von euch verwendeten Computer.

Entsprechende Programme eurer Inneren Weisheit steuern die Funktionalität und erzeugen somit einen optimalen Wirkungsgrad. Kurzzeitgedächtnisleistungen sind in erster Linie eine Funktion eures Gehirns, Langzeitgedächtnis ist eher eine der Knochen: Kopf, Wirbelsäule und Kreuzbein. Verkrustungen und Kristallisationen, sind sehr alte, fest haftende Abspeicherungen und benötigen oft einen intensiven Zugang zur Lösung, um Heilung zu erreichen. Die Beauftragung einer Löschung aus dem abgespeicherten Gedächtnis, ist eine Gesamtentscheidung eures SELBST. Bestimmte Bereiche sind für Löschungen nicht zugänglich, zum Beispiel das Gesamtpotential eures Seins. Löschen, also sich lösen, befreien, ist in erster Linie für eure Reaktionen auf bestimmte Erfahrungen vorgesehen. Es muss nicht unbedingt die Erinnerung an eine bestimmte Erfahrung gelöscht werden, viel eher aber eure Reaktion darauf. Das Lösen aus dem Verharren in Mustern, Systemen, Themen, Emotionen und Gedanken ist entscheidend. Ihr seht, dass das Neuprogrammieren, die Neuschaffung durch euch selbst, sehr eng mit dem Kehlchakra verbunden ist. Deshalb lasst es teilhaben an eurer bewussten Entwicklung, achtet, ehrt und liebt es: So wie wir euch.

NETZWERKE

Wenn wir hier die einzelnen Strukturen separat beschreiben, versteht bitte, dass die gegenseitige Beeinflussung aller verschiedenen Energiezentren über die Maßen vorhanden ist und netzwerkmäßige Strukturen euer Sein erst tatsächlich funktionieren lassen. Diese Netzwerke ermöglichen eine optimale Information aller beteiligten Zentren und Strukturen. Wiewohl diese Netzwerke gebahnten Ausbreitungswegen entsprechen, so fließt Energie, die zum Teil über das körpereigene Medium Wasser und generell eure Matrix transportiert werden. Die Art der Netzwerke, ihr Aufbau und ihre Konstruktion sind dermaßen komplex, dass sie mit euren derzeitigen, persönlichen oder allgemeinen technischen Möglichkeiten, nicht erfassbar sind. Der Mensch ist ein großes Wunder, ohne dass ihr euch dessen bewusst seid. Über diese Netzwerke erfolgen interne Reinigungsprozesse, Abgleichungen, Übernahme von Funktionsaufgaben, zeitweilige Aushilfen, wenn ihr so wollt. Die automatische Information, der Austausch ist programmgemäß eingebaut, da das gesamte Selbst die Eigenverantwortung für die Instandhaltung des Systems übernommen hat. Dies ist Teil der göttlichen Schöpfung. Jeder von euch stellt einen eigenen Mikrokosmos dar. Dies bedeutet komplexe Vollkommenheit und zugleich Verantwortung eures bewussten, denkenden und fühlenden Selbst, für die komplette Funktionalität mit eurer Absicht zu sorgen. Ihr wisst, ihr könnt im Detail, die Funktionalität eures Energiesystems nicht erfassen. Erinnert euch ihrer und erlaubt sehr bewusst, euch dafür zu öffnen, und eure Innere Weisheit darum zu bitten, sich um diese Prozesse zu kümmern.

Dieses Sorgen für die Göttlichkeit eures gesamten Seins, ist eine Frage eurer Bewusstheit in jedem Moment eurer Inkarnation. Je weiter ihr auf dem Weg eurer Entfaltung und Entwicklung fortgeschritten seid, desto enger seid ihr mit der Haltung der "Besonderheit" eurer Schöpfung verbunden, mit der höchsten Qualität, der Komplexität, der Möglichkeit der dynamischen Entwicklung, der Unendlichkeit eurer Möglichkeiten, und der Grenzenlosigkeit eurer Fähigkeiten. Umso sorgfältiger werdet ihr mit eurem Sein umgehen und dafür Verantwortung übernehmen. Dem Raubbau an den Ressourcen, der mangelnden Beachtung der eigenen Entwicklung oder der geringen Aufmerksamkeit auf das, was sich im Selbst abspielt entgegenzuwirken, sind Lernaufgaben und Herausforderungen. Diese Haltungen können zu entsprechenden Reaktionen auf euren verschiedenen Ebenen führen und benötigen Bearbeitung, die mühevoll sein kann. Sie führen dadurch zu einer Neuausrichtung, zu der jederzeit Gelegenheit und Möglichkeit besteht. Bedenkt: Alles kann nur im Augenblick entstehen und alles hat seinen rechten Augenblick. Vergangenes kann betrachtet und auf die Konsequenzen für euer augenblickliches Sein hin untersucht zu werden. Tatsächlich ist es bereits geschehen und vorbei. Das früher Geschehene ist erst dann abgeschlossen, wenn eure inneren Reaktionen auf bestimmte, maßgebliche Ereignisse in der Vergangenheit betrachtet, erkannt, gelöst und geheilt sind. Bis dahin spielen sie eine bedeutende Rolle. Viele von euch widmen dem Vergangenen große Aufmerksamkeit in Form von zuwendender Energie, die euch anderswo fehlt. Forschen in der eigenen Vergangenheit soll im Bezug zu eurem Sein im Augenblick erfolgen und kann Basis für Erkenntnisse eures Selbst sein, die ihr auf anderen Wegen nicht erhalten könnt. Bleibt nicht in der Vergangenheit stecken, sondern benützt diese Informationen um konsequent loszulassen und Heilungsschritte an euch zu setzen.

Was kann man unter Loslassen verstehen und was soll losgelassen werden? Bitte versteht, dass in eurem Unterbewusstsein eine Fülle von abgespeicherten Energien vorhanden sind, die sich wie alle Energien bewegen und an eure Bewusstseinsoberfläche drängen. In Form von Emotionen wird euch dies dargestellt, wiewohl nicht immer bewusst. Kommt nun zum Beispiel die Emotion der Eifersucht

hoch, und ihr fordert sie auf in ihre Mutterenergie zurückzukehren, mit voller Absicht und klarem Auftrag – und ersetzt ihr diese Emotion durch das Mangelgefühl, das der Eifersucht zugrunde liegt, nämlich Selbstliebe, so werdet ihr bei entsprechender Zuwendung Heilung erfahren.
Immer wieder erlauben wir uns Zwischenbetrachtungen, um eure Energie mit unserer zu vereinigen, um aufkommende und verbundene Gedanken darzulegen. Es ist alles ein umfassendes Netz, so dass allzu formalistische Betrachtungen die Schönheit und Reinheit des Fließens von Information beeinträchtigen würde.
Fassen wir die Informationen über das Kehlchakra zusammen: Die Funktion bedingt euren Ausdruck, eure Artikulation nach außen und nach innen. Die intensive Kommunikation zur ursprünglichen Anlage, der abgespeicherten Information über euer tatsächliches und gesamtes Sein mit all seinen unendlichen, grenzenlosen Möglichkeiten, erlaubt eine kontinuierliche Abgleichung eures tatsächlichen IST-Zustandes mit euren Möglichkeiten, mit Potential und Essenz. Dadurch kommen euch innere Entwicklungsschritte in den Sinn, in euer Bewusstsein. Nachhaltige Beeinträchtigungen im Kehlbereich durch Störungen oder Disharmonie, mental, emotional oder spirituell, durch Erfahrungen oder Reaktionen auf Erfahrungen, die in Resonanz mit den Grundschwingungen der Kehle

treten, erzeugen im innersekretorischen Bereich von Schilddrüse und Nebenschilddrüsen entsprechende Funktionsstörungen oder Funktionsbeeinträchtigungen. Sie können zu einer Veränderung des Gesamtausdruckes eures Seins, oder zu Stoffwechsel Über- oder Unterfunktion führen. Es kann zur Beeinflussung der Speicherfunktion und der Aufrechterhaltung des Regelkreises zwischen Abspeicherungen in Wirbelsäule, Schädel und Kreuzbein und eurer Energiekörper kommen. Dies hat nachhaltigen Einfluss auf euren Ausdruck, die Aufrechterhaltung der Klarheit eurer Aura, und die Bewusstheit um die Zusammenhänge auf dieser Ebene. Die Möglichkeit des in sich Hineinhorchens, der Erfassung eures Seins, hängt sehr mit dem ungestörten Austausch zwischen Abspeicherungen und Energiekörper zusammen. Die Bereitschaft, Abspeicherungen in das Bewusstsein zu führen, um euch die Möglichkeit zu geben, damit umzugehen, ist eine Funktion der Nebenschilddrüsen in Bezug auf das zelluläre Gedächtnis in den Knochen. Aufmerksame Gedanken für Harmonie im Kehlchakra mit gleichzeitiger liebevoller Betrachtung der Knochenbereiche von Schädel bis Kreuzbein wird euch das Gefühl der Möglichkeit von Freisetzung vermitteln, und vor allem den Eindruck in welchen Bereichen der Wirbelsäule oder der beiden angrenzenden Knochen, Abspeicherungen, Blockaden, Kristallisationen oder

Verkrustungen vorhanden sind, die eure intensive Aufmerksamkeit erfordern.

MEDITATION: KOMMUNIKATION MIT SICH SELBST

Schließt die Augen, werdet ruhig, atmet, richtet eure liebevolle und freundliche, aber konzentrierte Aufmerksamkeit auf eure Kehle. Lasst die automatische, üblicherweise nicht wahrgenommene Verbindung zu euren Knochen entstehen. Lasst dies langsam und in voller, bewusster Bereitschaft zu, fühlt, was geschieht und bewegt euch mit eurer Aufmerksamkeit von eurer Schädeldecke, langsam entlang, hinab der Wirbelsäule bis zu eurem Kreuzbein. Nehmt nun wahr, wie sich eure Wirbelsäule anfühlt, wo ihr das Gefühl eines ungehinderten Energieflusses habt. Empfindet, ob ihr an einer bestimmten Stelle eine geänderte Wahrnehmung, einen Gedanken oder eine Emotion aufsteigen fühlt. Ersucht euer Selbst diese Information in euer Bewusstsein zu transportieren. Nehmt wahr und fühlt, haltet alle eure Sinne trotz eurer wohltuenden Entspannung wach, aufnahmebereit, aufmerksam und registriert genau, was geschieht. Verbindet euer Kehlchakra mit diesen Knochenstrukturen, atmet ruhig, mit geschlossenen Augen im Liegen, Sitzen, oder der Position, die euch angenehm ist, hört und fühlt in euch. Tut dies jetzt. Nehmt euch Zeit und Ruhe. Bedenkt: Alles, was eure Aufmerksamkeit ablenkt, behindert eure Erfahrung, weil es die Tiefe der Kommunikation mit euch selbst beschränkt. Wenn ihr euch fragt, warum ihr nicht Kontakt mit uns aufnehmen könnt, so seid versichert, dass die Intensivierung und die liebevolle Zuwendung zu eurem Inneren, der Weg zu uns ist. Atmet und tut dies jetzt.

Gut, erlaubt euch nachzudenken, notiert euch, was ihr erlebtet und in welchen Bereichen ihr wenig Botschaft, oder Behinderung des Energieflusses gefühlt habt. Betrachtet diese Bereiche bei euren Wiederholungen besonders liebevoll und aufmerksam. Bei solchen Übungen geschehen manche Dinge, oder präzise gesagt Freisetzungen, die an eurem Bewusstsein vorbei erfolgen, ohne eure Wahrnehmung, auf welcher Ebene sie sich abspielen. Dies ereignet sich auch bei Menschen, die für solche Prozesse keinerlei Bewusstsein haben. Sie begehen eine Handlung, aus ihrem Herzen heraus, liebevoll, aber ohne die Zusammenhänge, die wir hier geschildert haben, zu verstehen. Sie sind, nur weil sie in ihrem Bewusstsein der tieferen Hintergründe nicht gewahr sind, ja nicht ausgeschlossen von der Bearbeitung ihrer Traumata oder Abspeicherungen, sondern diese erfolgen ohne ihre Bewusstheit, aber in Reaktion auf bestimmte Handlungen oder Gedanken. Seht all das also weit und nicht eng.

Glaubt nicht, dass solche Menschen, die nicht offensichtlich spirituell sind, nicht ebenfalls bedeutende Bewusstseinserweiterungen erfahren können, aber unbewusst. Eines der vielen Paradoxa! Wiederholt diese Arbeit. Sie ist wesentlich. Sie kann einfach, ohne Aufwand, nur mit der Hinwendung zu sich, mit Aufmerksamkeit, Sorgfalt und der Intention erfolgen: Die Kehle mit dem tragenden Knochengerüst von Kopf bis Kreuzbein zu verbinden und zu fühlen. Behaltet alles, was ihr wahrnehmt und schreibt es für euch auf.

HERZCHAKRA

Wandern wir in unserer Betrachtung weiter, so kommen wir zu einem zentralen Energiebereich, nämlich dem Herzen.

Haltet einmal inne und fühlt dort nach, wenn ihr achtsam und aufmerksam seid, so werdet ihr Gefühle und Haltungen in euch wahrnehmen, die alle als Grundlagen eures gefühlsmäßigen Seins vorhanden sind. Diese Aspekte, die hier in euch hochkommen, entsprechen und repräsentieren eure Haltung. So bestimmt die Qualität, das ist nicht wertend oder beurteilend gemeint, der vielfache Ausdruck eures Herzchakras, euer tatsächliches Sein, eure Individualität, euer Innerstes, eure Haltung, das: Wie ihr in eurem Inneren seid. Da alles vernetzt ist, gelangt diese Information auch zu eurer Kehle. Diese drückt aus, welche spezifische Botschaft sie vom Herzen erhält oder von anderen Bereichen, wie zum Beispiel eurem Bauch. Das Herz ist zentraler Kommunikator zwischen der Aufnahme des göttlichen Bewusstseins, über das Scheitelchakra, der Aufnahme durch die Sinne, über euer Drittes Auge, der abgespeicherten Informationen und Regulationen eurer Stoffwechselfunktionen, über das Kehlchakra, und der ruhenden Stille eures Seins und aller vorhandenen Aspekte eurer Haltungen, inklusive den Aspekten der übrigen Chakren, zu denen wir später kommen werden. Neben dieser zentralen Stellung hat das Herzchakra eine spezifische Aufgabe und diese ist mit seiner Lage in eurem Körper verbunden. Sie ist die energetische Verbindung zu den Organen eures Brustkorbes im weitesten Sinne. Hier sei erlaubt, euch zu kommunizieren, dass die individuelle Energiekomposition jedes einzelnen Organs ihre Eigenständigkeit besitzt und aufnehmen, abgeben, regulieren und kommunizieren kann. Diese ist deshalb vorhanden, weil die Vorgänge und Abläufe in diesem Organ eine eigenständige Energie repräsentieren und sich in Resonanz mit verschiedenen mentalen, emotionalen oder spirituellen Aspekten befinden. Trotzdem haben die Hauptchakren ihre Verantwortung für ihren Bereich und darüber hinaus oder anders gesagt, zusätzliche Aufgabenbereiche, die für euren gesamten menschlichen Organismus von integraler Bedeutung sind.

MEDITATION: HERZCHAKRA

Lasst uns also mit der allgemeinen Bedeutung eures Herzchakras beginnen und fühlt einmal eure Mitte, atmet hinein, tief und ruhig. Nehmt ganz einfach wahr, was euch und eurer Mitte entspricht. Tut dies jetzt.

Was ihr gerade getan habt, war, bewusst in die Energie eures Herzchakras zu gehen. Wie alle anderen Chakren, hat euer Herzchakra eine Grundschwingung. Diese habt ihr soeben gefühlt. Euer Herzchakra umfasst viele Grundhaltungen und jede dieser Grundhaltungen hat eine eigene Schwingung. Wenn ihr diese erfasst, so werdet ihr ihre Aspekte noch weiter unterteilen können, so weit ihr das wollt. Ihr könnt Achtsamkeit, eine Grundhaltung, die in eurem Herzen beheimatet ist, weiter und weiter erforschen und fühlen, wo überall in eurem Energiekörper diese Haltung repräsentiert ist, und Beachtung erfordert.

Euer Herzchakra hat als Ausgangs-Grundenergiefrequenz eine Stärke, die individuell in jedem von euch vorhanden ist. Zusätzlich ist die Herzenergie durch ihren Charakter geprägt, der nicht nur EIN Merkmal, sondern deren viele beinhaltet. Damit ist

Zugang für solche erlaubt, die gern Farben und Bilder sehen, Töne hören, Aspekte fühlen, oder anderes mehr. Die Chakren sind in allen Sinnesausprägungen wahrnehmbar, um auf eine möglichst vielschichtige Art erfahren werden zu können. Im Herzchakra sind Aspekte der Grundhaltungen angelegt, und zwar alle, in der gesamten Polarität, in allen möglichen Formen und Ausprägungen. Haltungen, Grundhaltungen bestimmen euer Dasein, eure Eigenart zu leben, zu erfahren, zu handeln. Ihr seht, wie wichtig die Kommunikation innerhalb eures Selbst ist, die Art, wie ihr in eurem Gehirn denkt, ist, beeinflusst die Weise wie ihr fühlt. Wie ihr versucht euer Unbewusstes zu erforschen, hängt damit zusammen, wie ihr denkt und fühlt, zumindest wird dies auf euren inneren Reisen mitschwingen. Welche Grundhaltungen gibt es? Im Rahmen der möglichen Polarität, sei nun der harmonische Aspekt genannt, der, der euch wohlfühlen lässt. Aber nochmals, diese Haltungen sind natürlich in allen Ausprägungen und Schattierungen in euch angelegt. Die Grundhaltungen sind unter anderem: Liebe, Mitgefühl, Achtsamkeit, Dankbarkeit, Sorgfalt, Zugänglichkeit, Zuwendung, Bereitschaft, Demut, Frieden. Grundhaltungen repräsentieren Empfindungen von denen ihr sagt: *"Das kommt mir aus dem Herzen."*, Aspekte, die die Art zu denken, zu fühlen, zu handeln, und zu entscheiden, ja die Weise zu leben, sich auszudrücken, maßgeblich beeinflussen und steuern. Was ausgedrückt wird, und wovon es geprägt wird, ist abhängig von der sogenannten Herzensqualität. Diese Grundhaltungen entsprechen Gefühlen und diese sind Ergebnis einer lang andauernden Entwicklung und Erfahrung. Sie haben sich über lange Zeit formiert, gefestigt, gestaltet und finden auf der Skala vieler anderer Aspekte ihre exakte Ausprägung. Im Rahmen tatsächlich gelebter Bewusstheit, kommt es zu einem kontinuierlichen Feedback, einem Vergleich zwischen dem Tatsächlichen, dem Möglichen und der ursprünglichen Anlage, die eurer Essenz entspricht. Diese Essenz repräsentiert 100% des Möglichen, völlige Friedfertigkeit, absichtslose Liebe in jeder Situation und zu Jedermann, Achtsamkeit für alle Bereiche durch kontinuierliche Selbstbeobachtung, Wahrnehmung aller Handlungen, Entscheidungen, Gefühle, Gedanken und anderes mehr. Das Herz tauscht sich energetisch mit der individuellen Blaupause aus und weiß immer, wie die aktuelle Situation ist. Diese wird den verschiedenen Instanzen, der Seele, dem Höheren Selbst, dem mentalen und emotionalen Sein, kontinuierlich mitgeteilt, damit sie im Zuge der Etablierung von neuen Erfahrungen den aktuellen Stand der Herzqualitäten berücksichtigen können. Zu diesen Erfahrungen, muss das unbewusste Selbst seine Zustimmung geben. Dadurch werden neue

Situationen geschaffen, die einen hervorragenden Lerneffekt haben, um Entwicklung geschehen zu lassen. Selbst, wenn die Qualität des Friedens, der Bereitwilligkeit Frieden zu halten oder zu spenden, nicht sehr ausgeprägt ist, so wird das Herz, wenn eine "Anfrage " das Herzfilter passiert, und es gefragt wird: *"Herz, was sagst du dazu?"* immer zu einer Entscheidung raten, die völliger Friedfertigkeit entspricht, obwohl es vielleicht gar nicht dem momentanen Zustand bezüglich Frieden entspricht. Die Bewusstheit hat immer noch die Möglichkeit diese Diskrepanz zu erfassen und zu beleuchten.

Das Leben selbst ist also in der Lage, Unterschiede zwischen ist und soll bewusst zu machen, um entweder durch Übung entsprechende Anpassungen vorzunehmen oder Begebenheiten und Situationen zuzulassen, die zur Bearbeitung eines solchen Themas führen können. Der Druck zur Bearbeitung erhöht sich von mal zu mal, bis eine Lösung gefunden wird. Diese Aspekte haben gar nichts mit Versagen oder Schuld zu tun, etwas nicht getan zu haben, sondern entsprechen dem Gesetz, dass sich der Druck so lange erhöht, bis Lösung oder Heilung eintritt.

Wenn man das Herzchakra betrachtet, so hat es für all diese Grundhaltungen und Qualitäten entsprechende Resonanzstellen aller nur möglichen polaren Ausprägungen. Da das Herz ein so zentrales Organ ist, sind die dem Herzen zugehörigen Aspekte im Herzchakra integriert. Es sind die Herzqualitäten in allen Ausrichtungen und Aspekten im Herzchakra vorhanden, sie werden dort im Zuge der Resonanz angesprochen. Kurze, nicht tief gehende Verletzungen, zum Beispiel in Form von Lieblosigkeit oder so empfundener Lieblosigkeit beziehungsweise Kränkung, hinterlassen, auch wenn sie nicht bearbeitet werden, keine nachhaltigen, tiefen Folgen. Wird aber in Kontinuität und entsprechender Stärke empfunden, nachhaltig, oder erfolgt eine solche Verletzung im Rahmen eines Schockzustandes, so führt dies zu einer Energieänderung des Chakras in Beziehung Liebe. Es wird bei Beibehaltung und Verstärkung unter Umständen das gesamte Chakra in seiner Energiestruktur beeinflusst. Dadurch, dass dieser Mangel an Liebe, zu so vielen Begleitumständen und Nebeneffekten führt, können Mitgefühl für andere, Friedensbereitschaft und anderes mehr, nicht mehr aufrecht erhalten werden. Eine allgemeine Änderung der Ausstrahlung, Aura und Grundhaltung ist die Folge. Das Herz wird physisch entsprechend reagieren. Es kann zu Herzsymptomen, ohne nachweisbare organische Schädigung, kommen, oder sogar schließlich zu entsprechenden organischen Veränderungen bis zum plötzlichen

Herztod, dem völligen energetischen Zusammenbruch des Herzens, siehe Isoldes Liebestod (Richard Wagner „Tristan und Isolde"). Hier geht es in diesem Zusammenhang gar nicht so sehr um die objektive Situation, sondern wie bei all diesen Gefühlszuständen um das subjektive Empfinden. Das ist es, was für den Betroffenen zählt. Andere haben sich nicht nur zu fragen: *„Was habe ich getan?"* sondern auch: *„Wie ist das aufgenommen worden, welchen Effekt hat das, was ich tat, beim anderen gehabt*?" Da das Herz für all diese verschiedenen Grundhaltungen, Herzqualitäten energetisch "zuständig" ist, ist die Beachtung, die liebevolle Betrachtung, die Zuwendung von besonderer Bedeutung. Alle Grundhaltungen liegen hier konzentriert vor. Bei diesen Aspekten, die euer Sein so wesentlich beeinflussen, ist besondere Achtsamkeit und Sorgfalt nötig, das Herz in seiner energetischen Qualität zu erfassen, die Herzqualität zu stärken. Fremdenergien, denen ihr erlaubt habt, sich zu integrieren, sollten losgelassen werden. Dies gilt auch für alte Erfahrungen, die ihr in euer jetziges Leben mit hereingebracht habt, weil sie nicht er- oder gelöst worden sind, euch davon schrittweise zu befreien. Immer werdet ihr in diesem Leben Situationen erfahren, die diesen alten Erlebnissen oder zumindest euren Reaktionen darauf, entsprechen, um sie euch bewusst zu machen.

HERZCHAKRA IN BEZIEHUNG ZUR WEIBLICHEN BRUST

Ein zweites Organ, das dem Herzchakra zugehört, ist die Brust.

Die Brust spielt bei der Frau eine wesentlich größere Rolle als Träger spezifischer Energien, sogenannter Codes, beziehungsweise als Ort von Erkrankungen. Naturgemäß hat die weibliche Brust für die Ernährung der Nachkommenschaft einer Frau besondere Bedeutung. Das Nahrungsspenden aus dem eigenen Körper ist etwas Besonderes, etwas, was jede Frau sehr mit ihrem Kind verbindet. Dieses Nahrungsspenden ist bei vielen Frauen ein Teil ihres Lebensinhaltes, und richtet sich in der Regel an andere und nicht an sich selbst. Erkrankungen der weiblichen Brust, zum Beispiel in Form von Brustkrebs, können dadurch mitverursacht werden, dass das Kraft - und Energiespenden der Frau, zwar allen anderen zuteil wird, für sich selbst jedoch wenig, oder gar keine Zuwendung erfolgt. Dies hat ein chronisches Energiedefizit zur Folge. Die Erkrankung der Brust soll die Betroffene in die Bewusstheit ihrer Lebenssituation führen. Andere mit Brusterkrankungen verbundene Aspekte sind: Fremdbestimmung des Lebens, scheinbare Unmöglichkeit eigene Entscheidungen zu treffen. Da das Herz das Organ der Liebe ist, so können auch empfundene oder unbewusste Defizite in dieser

Beziehung, physische Folgen für die Brust besitzen. Mangelnde oder fehlende Selbstliebe, Selbstverleugnung, fehlende Rücksichtnahme auf eigene Wünsche und Bedürfnisse sind hier als Beispiel angeführt.

Darüber hinaus ist die weibliche Brust ein besonderes Organ gelebter oder verleugneter Weiblichkeit und damit verbundener Sexualität. Die Beobachtung des eigenen Seins, die vorurteilsfreie Darstellung: *„Wie bin ich? Wie empfinde ich? Wie lebe ich? Was passt von dem eben Gesagten zu mir?"* erlaubt besondere Beachtung des eigenen Selbst, der eigenen Bedürfnisse, erlaubt Selbstachtung, Selbstrespekt, und Liebe zu sich. Neben der medizinischen Behandlung, ist diese Klärung für die Befreiung und innere Heilung von großer Bedeutung. So sind die Grundhaltungen in ihrer Traumatisierung und ihrem Defizit Mitauslöser für ernste Erkrankungen der Brust. Das gilt auch für die Atemwege und die Lunge. Bei diesen Organen kommen zu den Herzqualitäten, Aspekte der Entfaltung, Verbindung mit der spirituellen Welt, Lebensfluss und andere. Die Abspeicherungen der ursprünglichen Anlage, der Blaupause, das Herzchakra betreffend, sind im Brustwirbelbereich, der eben die Aufgabe des kontinuierlichen Austausches und Vergleiches zwischen Ist und Soll übernimmt.

Wenn ihr so wollt, wohnt in eurem Herzen das "Allerheiligste". Wie wohl angebunden und kommunizierend mit vielen anderen Aspekten in euch, ist das Herzzentrum ein Ort völliger Stille und Harmonie. Es ist eine Stelle unglaublicher Klarheit, Sanftmut, wie losgelöst von der irdischen Welt und multidimensional. Wenn ihr in tiefe Betrachtung versunken seid, so könnt ihr euch erlauben, dieses Heiligtum aufzusuchen und dort zu weilen, euch dort aufzuhalten und nur zu SEIN, im Augenblick, und Augenblick um Augenblick zu genießen. Das wahre Sein, unabgelenkt von allem, sowohl von außen als auch von innen, erlaubt euch Unaussprechliches zu erleben. Ihr könnt Gott, der Göttin in die Nähe gelangen und Zwiegespräche halten, braucht nichts zu tun, nur SEIN.

GESUNDERHALTUNG DES PHYSISCHEN HERZENS

Ihr Lieben, ihr mögt euch manchmal gefragt haben: Wie kommt es, dass das Herz euer ganzes Leben schlägt, und woher erhält es die nötige Energie? Diese Energie wird vom Universum zur Verfügung gestellt und in eurem Herzen gespeichert, in Form von energiereichen Molekülen. Energie kann auch bewusst zielgerichtet vom Herzen selbst produziert werden. In eurer Energiebalance ist es prinzipiell möglich, entweder Energie aus dem Universum bewusst aufzunehmen, unbewusst als Geschenk zu erhalten, oder die Energie durch eure Absicht selbst zu produzieren. Eure Innere Weisheit weiß, wie das zu geschehen hat. Um diesen Prozess bewusst geschehen zu lassen, benötigt es jedoch euren Auftrag. Da eure Innere Weisheit autonom ist, das heißt unabhängig von eurer Bewusstheit funktioniert, kann diese innere Produktion ohne euer bewusstes Zutun erfolgen. Die Art, dieser Energien ist unterschiedlich. Die Unterscheidung von in euch bewusst erzeugter Energie und der unbewusst entstehenden oder aufgenommenen Energie ist möglich, jedoch Zeichen eines hochentwickelten Bewusstseins. Habt ihr dieses Wissen integriert, so ist es euch möglich, mit der Produktion von bewusster Herzensenergie zu beginnen. Diese bewusste Produktion von Herzenergie entspricht euren Herzensqualitäten. Die bewusste Hinwendung zu absichtsloser Liebe, wird in eurem Herzchakra registriert und verhilft euch nicht nur zur Möglichkeit absichtslose Liebe zu leben, sondern nährt euer physisches Herz. Es ist die Überlegung bezüglich dieser Energieproduktion also nicht eine abstrakte theoretische Abhandlung, über Aspekte, die nur eure Intellektualität betreffen und befriedigen, sondern sie hat tatsächliche, besondere Bedeutung in eurem täglichen Leben. Nach Kriterien wie absichtsloser Liebe, Mitgefühl, Achtsamkeit, also nach den Grundhaltungen eurer Herzensqualität zu leben, hält euer Herz gesund, weil diese Haltungen der Grundschwingung eures Herzens entsprechen, es somit energetisch nähren. Lebt ihr nach diesen Prinzipien, so seid ihr mit eurem Herzen im Einklang. Das Herz fühlt sich von eurem Denken und Handeln in seiner Grundstruktur energetisch gesehen, erkannt, und fühlt sich in euch wohl, da ihr so lebt, wie es der Grundschwingung eures Herzens entspricht.

DIE ART ZU LEBEN UND PHYSISCHE GESUNDHEIT

Dieses Beispiel zeigt, wie eng die Art zu leben, zu handeln und zu fühlen, mit der Aufrechterhaltung der körperlichen Gesundheit einhergeht. Sie ist abhängig von energetischer Gesundheit, ist eine konsequente Folge, ein logisches, gesetzhaftes Ergebnis derselben. Entspricht eure Art zu leben und zu handeln der energetischen Grundschwingung des Herzens, ausgedrückt durch die Energie der Liebe, des Mitgefühls usw., so ist jede Entscheidung, die in dieser Art erfolgt, für euer Herz nährende Energie. Das ist sehr spezifisch und ein Beispiel für die Basis eurer göttlichen Schöpfung, dass ihr es selbst seid, die euer Leben bestimmen. Ihr seid nicht fremdbestimmt, sondern könnt Einfluss auf euer Sein nehmen, indem ihr auf euch Rücksicht nehmt, auf die Abstimmung mit eurer wahren Essenz. Durch die Art eures Lebens, durch die Bewusstheit, wie und auf welcher Basis, auf welchen Grundhaltungen beruhend, ihr eure Entscheidungen und Handlungen trefft, bestimmt ihr euer Leben in allen Einzelheiten. Es gibt diesen großen Zusammenhang der sinnhaften Entscheidungen, der Art zu leben, und den Ereignissen, die ihr in eurem Leben tatsächlich vorfindet. Vergesst nicht, dass alles zu eurem Besten, zu eurem höchsten Wohl erfolgt, auch, wenn ihr es nicht jeden Augenblick annehmen könnt und es manchmal schmerzhafte Erlebnisse und Erfahrungen eures Lebens darstellt.

Ihr könnt sehr bewusst Grundhaltungen, Herzensqualitäten, für euer Leben schaffen. Es wird gut für euer Herz sein und dessen Energiestruktur. Die Stelle, an der diese Energien aufgenommen werden oder entstehen, ist das Herzchakra.

Natürlich kann es auch Energien aufnehmen, die Resultat eurer Handlungen sind und die dem Herzen automatisch mitgeteilt werden. Alles, was ihr tut, denkt, fühlt, und wie ihr reagiert, wird nicht nur universell, sondern auch von euch individuell gespeichert, geht nicht verloren. Deshalb sind Achtsamkeit und Sorgfalt so wesentlich, da sie euch ermöglichen, das, was ihr tut, wie und warum, tatsächlich zu erkennen, zu beobachten und zu erfühlen. Das ist Aufgabe der Gesamtheit eures Dritten Auges und drückt sich durch euer Kehlchakra aus. Dies ist nur gesagt, um den Zusammenhang immer wieder klar zu machen.

Als Geschenk des Universums erhaltet ihr automatisch Energie, die euer Herz in die Lage versetzt in eurem Organismus seine Aufgabe zu erfüllen, und den Antrieb für euer Herz gewährt. Ihr könnt, sehr bewusst über euren Scheitel universelle Energie für euer Herz in euch aufnehmen, und in und an eurem Herzen wirken lassen. Euer Ausdruck: *"Es wird mir warm ums Herz."* repräsentiert die fühlbare Reaktion eures Herzens auf eine Handlung, die ihr setzt, oder ein Erlebnis, das ihr habt. Die Energie der Handlung oder der Wahrnehmung, schwingt mit der Energie der Herzensqualität mit. Ihr fühlt diese energetische Reaktion in eurem Herzen in Form von Wärme. Solche Erfahrungen sind ganz einfache Botschaften, wie bestimmte Abläufe in eurem Sein stattfinden und sind Erklärungen, die euch Hinweise für euer Selbst geben. Deshalb horcht in euch, fühlt in euch, werdet, seid bewusst mit euch EINS. Oft sind Erklärungen für Zusammenhänge in euch einfach. Sie erfordern nur Hinwendung zu euch selbst, um sie zu erfassen.

THYMUS

Direkt über eurem physischen Herzen ist eine Energiestruktur, die physisch dem THYMUS zuzuordnen ist. Es ist eine Struktur, die sehr viel mit eurer Abwehrlage zu tun hat, eurem Überlebens-willen, eurer Grundhaltung des Wehrens und

Abwehrens, eurer Haltung diesen Aspekten gegenüber. Der Thymus, der nicht direkt zu den Hauptchakren zählt, ist nicht nur dem Herzen, sondern auch dem Kehlchakra zuzuordnen und ist in enger Verbindung mit beiden. Eine Energiequalität, die dem Thymus ebenfalls angehört, ist Integrität, also Aufrechterhaltung eurer Gesamtfunktion. Das hat nicht sosehr mit Abgrenzung zu tun, sondern ist im Zusammenhang mit Reinigung, Klärung und Heilung generell zu sehen. So sehr alles gemeinsam betrachtet werden muss, so sind wie schon betont, bestimmten Zentren, besondere Aufgaben anvertraut. Der Thymus liegt energetisch etwa eine Handbreit unter dem Oberrand eures Brustbeins und ist energetisch gut erfassbar. Grundinformation der Abspeicherung ist wie gesagt: Aufrechterhaltung von Abwehr, Integrität, Widerstandsfähigkeit, Erkennung von Bedrohung. Fühlt einmal in diesen Bereich und horcht in euch hinein, welche Informationen hochkommen. Es kann ein solches Hineinfühlen durchaus mit dem Ersuchen um Information verbunden sein: *„Wofür bist du in mir zuständig? Welches sind deine Aufgaben? In welchem Funktionszustand bist Du?"*

MEDITATION: THYMUS

Atmet ruhig und langsam, lasst eure Umgebung, eure Gedanken langsam schwinden und richtet eure Aufmerksamkeit auf diesen Bereich unter und hinter

eurem Brustbein. Atmet in diesen Bereich hinein und bewegt eure Aufmerksamkeit nicht mehr von dieser Stelle.
Wenn ihr einen innigen tiefen Kontakt gefunden habt, beginnt eine sorgfältige, achtsame Konversation und horcht auf die in euch aufsteigenden Gedanken. Es ist nicht nötig, dass ihr tatsächlich die Stimme eures Thymus hört, ihr könnt seine energetische Antwort erfassen, indem ihr euch bereit dafür macht, euch dafür öffnet und fühlt. Atmet, gebt euch diesem Abenteuer in euch selbst hin, beginnt, und tut dies jetzt. Bedankt euch und nehmt euch wieder physisch wahr.

KÖRPEREIGENE ABWEHR

Es werden euch viele andere Aspekte gekommen sein, wie Schutz, Aufrechterhaltung. Vielleicht sollte ich noch zum Aspekt: Körperliche Abwehr Stellung beziehen, da dies zur Erklärung und zum Verständnis der Auseinandersetzung mit einer Krankheit oder mit der Neutralisierung von Keimen aller Art beiträgt. Ist eine organische Manifestation in Form eines Tumors oder einer Infektion eingetreten, so könnt ihr nach eurer Absicht und Entscheidung in eine Ursachenforschung eintreten, Erklärungen finden, und die auslösenden Themen schrittweise an euch heilen. Nur in seltenen Fällen verschwindet auch die physische Manifestation, Erkrankung, Tumor,

Infektion. Es ist dies möglich, und es wird wieder häufiger stattfinden, jedoch erfordert dies ganz besondere Umstände. Zusätzlich zu Maßnahmen eurer Medizin, ist euer Organismus in der Lage, sich an der Heilung maßgeblich zu beteiligen. Die Reparatur, also der Abtransport abgestorbenen Gewebes, die Neutralisierung von Keimen, die direkte, schrittweise Verabschiedung von Zellen, die ihre Aufgabe erfüllt haben, wird durch den Thymus gesteuert und organisatorisch entsprechend betreut. Die willentlich gesteuerte Bitte, das Ersuchen an die Zellen und die Botenstoffe des Thymus, mit der organischen Manifestation, nach der von euch vorgenommenen inneren Heilung entsprechend umzugehen, wird nach Maßgabe berücksichtigt werden. Ich formuliere dies deshalb so vorsichtig und zurückhaltend, da hier viele Ebenen in euch entsprechendes "Mitspracherecht" haben und es letztendlich eine Gesamtentscheidung eures SELBST ist, wie mit diesem Problem umzugehen ist. Wir weisen erneut darauf hin, dass die Bearbeitung körperlicher, "krankhafter", Manifestationen nicht nur auf geistiger, sondern auch auf körperlicher Ebene zu erfolgen hat.

Darüber hinaus habt ihr im Zuge eurer Leben natürlich Schlackenstoffe, Kristallisationen, Blockaden an vielen Stellen eures Körpers angesammelt.

Es empfiehlt sich zusätzlich zur inneren, eigenen Energiearbeit mit Chakrenreinigung, Energie fließen zu lassen. So wie früher das Wort Bahnung gefallen ist, bei der starke Emotionen, wie zum Beispiel Krebsangst unbewusst und unbeabsichtigt Energieflüsse großen Ausmaßes in Gang setzen können, so kann ein solcher Vorgang auch durchaus bewusst in sich, absichtsvoll durchgeführt werden. Universelle Energie über das Scheitelchakra und Energie von Mutter Erde über das Wurzelchakra können eingeladen werden in euren Energiekörper einzutreten und durch Aufmerksamkeit zum Fließen gebracht werden. Ein so bewusster Energiefluss kann Blockaden, welchen Ursprungs auch immer, auflösen helfen. Die Zuwendung auf bestimmte innere Haltungsaspekte kann mit Affirmationen, durch die Aktivierung des Thymus, eine Änderung auf körperlicher Ebene geschehen lassen. Die Grundhaltung ist nicht Tötung der Tumorzellen und Bakterien, Abräumen von Gewebe, sondern liebevolle Verabschiedung, mit Ausdruck des Dankes, mit der Absicht der Neutralisation, der Lösung. So wie ihr euch von Anhaftungen, Erinnerungen, euren Reaktionen auf Erfahrungen lösen könnt, so geschieht die Lösung von der organischen Manifestation auf vergleichbare Art und Weise. Immer wieder sei euch die Bedeutung, ja die Notwendigkeit der Erfahrung auf der körperlichen Ebene vor Augen gebracht, und die

Auseinandersetzung in Liebe und Mitgefühl für das betroffene Organ, als Zeichen, als Botschaft. Es ist manchmal der Fall, dass die energetische Heilung, durch eure Hinwendung, euer Annehmen, Verzeihen, Erkennen und der entsprechenden Änderung und Lösung bereits erfolgte, dennoch bleibt die körperliche Manifestation bestehen. Dies geschieht deswegen, weil die körperliche Ebene nicht entsprechend berücksichtigt wurde. Gerade hier spielt die Aktivierung des Thymus, mit seinen Zellen der lokalen Behandlung, der Änderung des lokalen Milieus, der Aussendung von entsprechenden Botenstoffen eine bedeutende Rolle. Es ist nicht nötig, dass ihr genau wisst, was geschehen soll. Eure Aufmerksamkeit, eure Bitte um körperliche Heilung, eure Hinwendung mit der Grundhaltung: Die Innere Weisheit eures Thymus weiß, wie sie das tut, kann körperliches Wohlbefinden und Wiederherstellung bringen. Ihr benötigt nur in richtiger Art und Weise eure Zustimmung, eure Bitte darum zu formulieren. Gerade solche Menschen, die viel mit Licht und Energie arbeiten, ihre spirituelle Entwicklung im Auge haben, vergessen oft auf die körperliche Ebene. Deshalb betone ich diesen Aspekt sehr. Damit verlassen wir das Herz. Es gäbe noch viel darüber zu sagen. Herzensqualität ist das Zentrum, was die Grundhaltungen eures Seins bestimmt und ausdrückt.

SOLARPLEXUS

Wir wandern weiter hinunter, aber wo ist oben und unten? - und kommen zu einer Stelle, die Solarplexus heißt und sich direkt in der Mitte zwischen den Rippenbögen befindet. Dieses Chakra hat wie alle anderen viele Aspekte und Aufgaben, eine davon ist die Bereitstellung von Energie, die ihr selbst produzieren könnt. Es entspricht damit praktisch einem Kraftwerk in euch. Diese Energie ist nötig, um euren emotionalen Ausdruck, eure Reaktion auf Ereignisse eures täglichen Lebens, die durch auslösende Faktoren entsteht, und ebenfalls auf dem Resonanzprinzip basiert, zu ermöglichen. Der dem Solarplexus zugehörige Organbereich ist: Magen, Dünndarm, Leber, Galle, Bauchspeicheldrüse und Milz.

Die euch umgebende Aura hat mehrere Schichten, eine davon ist der energetische Seelenkörper, dessen Zentrum sich im Bereiche des Solarplexus befindet. Zum Unterschied vom Herzen, das eure Grundhaltungen repräsentiert, sind im Oberbauch eure Emotionen, also eure Reaktionen auf Ereignisse und Erlebnisse lokalisiert, besonders Spontanreaktionen wie: Wut, Angst, Eifersucht, Zorn, aber auch Gier und Macht. Diese Organe repräsentieren jene Energien, haben sie in ihrer Grundschwingung, sind in der Lage sie zu speichern und im Rahmen des

zellulären Gedächtnisses entsprechend zu reagieren. Diese Emotionen haben eine bedeutende Funktion in eurem Sein, da sie eine Botschaft darstellen, die direkt aus dem Inneren kommt.
Wie im Herzen so sind auch die Emotionen im Solarplexusbereich im ganzen polaren Spektrum vorhanden.

EMOTIONEN SIND BOTSCHAFTEN
Erlebt ihr eine Situation, auf die ihr wütend reagiert, so ist dies eine sehr bedeutende Information. Einerseits sollte sie euch nicht davon abhalten, diesen Ausbruch an euch anzuerkennen und da sein zu lassen, andererseits jedoch sollte sie euch dazu bringen, euch mit den Ursachen der Wut auseinanderzusetzen oder euch zumindest dabei helfen zu lassen. Eine solche Situation erinnert euer Unterbewusstsein an ein früheres Erlebnis, das eine Reaktion in Form einer Emotion auslöst, und der Heilung bedarf. Es ist nötig, sich dieser Situation zu stellen. Ihr könnt mit eurer Aufmerksamkeit in die zelluläre Speicherung der Leber oder der unteren Brustwirbelsäule gehen, die Stelle dieser Emotion finden, damit verbundene Situationen in euch wachrufen, diese ansehen und anerkennen. Zusätzlich kann es nötig sein, dieses Ereignis mental zu analysieren, es in eurem gesamten Sein zu reflektieren, also auch in eurem Herzen und in eurem

Dritten Auge. Besonders hilfreich kann es sein, mit euren Herzqualitäten zu arbeiten, sich damit auseinanderzusetzen, die Beteiligten auf Seelenebene später einzubeziehen und schließlich die Zusammenhänge zu erkennen. Erst dann ist es möglich, sich von der Erfahrung zu lösen, zu danken, und diese Emotion schließlich dorthin zu senden, woher sie kam. Denn sie war nur eure Reaktion auf ein Erlebnis. Manche eurer Reaktionen sind, wie ihr so sagt, emotional. Ihr haltet euch manchmal vor: *"Reagiere nicht so emotional!"* Dabei ist doch das der Schlüssel zur Lösung und zur Heilung. Somit ist die Emotion als Botschaft, eine Möglichkeit des Erkennens, tieferer innerer Zusammenhänge. Liebevolle, achtsame Analyse zur Änderung, ist der Schlüssel zur energetischen Lösung aus diesen zellulären Speichern, in den Organen: Leber, Milz, und den weiter unten gelegenen Nieren.

DAS SEELENZENTRUM

Die Neuprogrammierung, die kreative Neugestaltung und Neuformung eures Seins, energetisch, geistig, und physisch, ist erst nach der Lösung der vorhandenen Abspeicherungen, all der Erfahrungen, die ihr teils mitgebracht habt, teils neu erworben habt, möglich. Die Emotionen ermöglichen meist einen sehr direkten Zugang zum Verständnis.

Im Solarplexuschakra selbst sind die Informationen all dieser Erfahrungen vorhanden, und die Palette an möglichen Emotionen in gesamter polarer Ausprägung. Dazu kommt die ursprüngliche Anlage, die Blaupause, für die Energieproduktion und schließlich die Information aller Erlebnisse und Ereignisse, die euch jemals betroffen haben. Daher ist dieses Chakra das energetische Zentrum eurer Seele, die all eure Erfahrungen kennt. Da die Seele Zugang zur Allweisheit und zum Universum besitzt, ist sie über alle nur möglichen Situationen anderer informiert, natürlich ohne, dass euch dies bewusst ist. So ist sie in der Lage, gemeinsam mit eurem Höheren Selbst, eurem Herzen, und dem universellen Geist, Situationen zu erschaffen, die euch einen höchst möglichen Lern- und Transformationsgewinn ermöglichen. Ihr Lieben, ihr seid nicht alleine, ihr habt starke Verbündete mit unendlichem Wissen, grenzenloser Weisheit, einem unbegrenzten Gedächtnis und Möglichkeiten jenseits eurer Vorstellungsgabe. Alles, was es von euch braucht, ist: Liebevolles Annehmen dieser Schöpfung Mensch, die so vielschichtige Facetten und Ebenen besitzt. Habt ihr das Konzept eurer Struktur, körperlich und geistig gesehen, verstanden, euch diesem Wissen vertrauensvoll genähert, und euer Gefühl mit diesem Wissen verbunden, so versetzt ihr euch in die Lage, euch alles an euch selbst ansehen zu können, zu erfassen, und euch über euch selbst bewusst zu werden. Damit könnt ihr euch so gestalten, wie ihr euch haben wollt. Für diese Aufgabe und diese Vorhaben, haltet ihr engen Kontakt zu all euren Chakren und all euren Ebenen. Dies erfordert achtsame, sorgfältige Bewusstheit und Aufmerksamkeit, was Situationen, die ihr erlebt habt, für euch bedeuten.

WAS IST DIE SEELE?

Ich will nochmals betonen, dass die Ursache, warum die Seele gerade dort, in diesem Bereich in euch lokalisiert und beheimatet ist, liegt darin, um in enger Verbindung mit all diesen alten Erfahrungen und Abspeicherungen zu sein, die zu oft dramatischen Situationen in euch geführt haben.

So lasst mich die Frage stellen: Was ist eigentlich die Seele? Welche Rolle spielt sie? Und wie ist ihre Beziehung zu den anderen Zentren und Ebenen in euch?

Die Seele ist eine multidimensionale, individuelle Energie, die jeden Menschen, jede Individualität begleitet und sie zum Teil auch ausmacht. Die Seele ist Teil der Gesamtseele Menschengeschlecht und begleitet alle Inkarnationen seit Beginn der Schöpfung. Im Rahmen der Inkarnation ist die Seele Teil des Ganzen.

MEDITATION: DANKBARKEIT UND LIEBE

So macht es euch bequem, sitzt aufrecht oder liegt, atmet, werdet ruhig, kommt in eure Mitte und lasst euer Tagesgeschäft ruhen. Atmet und schließt dann die Augen. Atmet, richtet euch aus und zentriert euch auf das Gefühl Dankbarkeit und Liebe und haltet diese beiden Energien in euch: Dankbarkeit und Liebe zu euch selbst, zu allem, was ihr seid und jemals wart. Dann richtet eure Aufmerksamkeit auf die Gegend eures Solarplexus und fühlt wie diese Stelle langsam in euch zu pulsieren beginnt. Seid Liebe und Dankbarkeit, haltet die Absicht, mit eurer Seele Kontakt zu haben. Sagt ihr mit euren eigenen Gedanken, wie sehr ihr sie liebt, wie sehr ihr ihr dankt für all diese unendlich lange Begleitung, für das immer DA SEIN für euch, für ihr Vertrauen und ihre Treue zu euch. Fühlt, dass ihr eins werdet, ja eins seid mit eurer Seele. Empfindet dies, erlaubt euch Bewusstheit darüber, und dann öffnet euch für ihre Botschaft. Erlebt dies tatsächlich, bewusst mit eurer Seele zu kommunizieren und wisst, dass das immer, kontinuierlich möglich ist für euch. Sie ist immer bei euch, Teil eures ganzen Seins. Haltet diesen Zustand, solange ihr dies für passend empfindet, und kehrt dann in euer volles Bewusstsein zurück.

Ihr Lieben, wisset, die Seele hat die Erfahrungen aller Inkarnationen und den Zugang zur Allweisheit. Sie darf die spezifischen Lösungen nicht in Form von Entscheidungen, sondern nur in Form von Empfehlungen über die innere Stimme abgeben. Die Seele kann euch nur nach bestimmten Gesetzen, die von der Entwicklung, dem Leben nach den Herzensqualitäten und vielen anderen Aspekten abhängen, auf sehr stille Weise mitteilen, welche Entscheidung zu eurem höchsten Wohle zu treffen wäre. Nur im Zustand der Stille, des achtsamen Hinhörens und großer Aufmerksamkeit, ist es möglich, mit der Seele zu kommunizieren. Die Seele repräsentiert zwar einerseits die Individualität über die Zeiten, andererseits stellt sie im Zustand der Inkarnation nur einen Teil der geistigen oder energetischen Bereiche des Menschen dar, da ein Mensch viele verschiedene, ganz unterschiedliche energetische Aspekte repräsentiert: mental, emotional, gefühlsmäßig, und spirituell. Ein Teil, der spirituelle Bereich, wird von der Seele repräsentiert. Dieser Seelenanteil ist energetisch dem Solarplexuschakra zugehörig, und entspricht in eurer Aura dem spirituellen Energiekörper. Da die Seele der Allweisheit angeschlossen ist, so ist sie auch in der Lage gemeinsam mit dem universellen Schöpfergott, dem Scheitelchakra und anderen Anteilen, die Steuerung eures Lebens vorzunehmen.

Das darf nicht allzu wörtlich verstanden werden. Natürlich ist der freie, bewusste Wille in der Lage euer Leben zu steuern, Entscheidungen zu treffen und Wahlmöglichkeiten auszusuchen. Trotzdem sind Bereiche in eurem Sein vorhanden, die ihr nicht bewusst steuern könnt, die trotzdem eurem freien Willen entsprechen, aber dem, der euch nicht bewusst ist. Diese Entscheidungen, zum Beispiel, welche Erlebnisse ihr haben werdet, welche Menschen ihr trefft, welche Rahmenbedingungen ihr in vielerlei Situationen vorfinden werdet, diese Entscheidungen trifft eure Seele für euch. Sie ist euch ja nicht fremd. Sie ist ja ein Teil, der euch ausmacht und ein Grossteil dessen, was von euch durch die Zeiten geht, und eure Abenteuer bestreitet. Wenn ihr so wollt, sorgt sie für euch, für euer bewusstes ICH. Es ist nicht in ihrer Kompetenz in Situationen zu entscheiden, die ihr bewusst erlebt, die euch völlig zu Bewusstsein kommen und im Bewusstsein sind, sie würde sonst in Konkurrenz zu eurer Persönlichkeit treten. Eure Seele entscheidet nicht, wen ihr heiratet, sondern euer freier Wille, nach mentalen, gefühlsmäßigen, ja vielleicht auch spirituellen Grundsätzen. Wenn ihr in dieses Gedankengebäude, das ich für euch aufgerichtet habe, sehr intensiv hineingeht, dann werdet ihr sehen, dass für euer Bewusstsein diese Grenzen zwischen bewusstem und unbewusstem freien Willen

verschwimmen und nicht klar zu ziehen sind. Ihr habt nach göttlichem Ratschluss den freien Willen, es werden von euch bewusste freie Entscheidungen in verschiedenen Lebenssituationen andauernd eingefordert, ohne die nun, ein Fortschreiten und eine Entwicklung in spiritueller Hinsicht nicht möglich sind. Es ist eure freie Entscheidung an jedem Tag, ob ihr eure Energiearbeit tut, ob ihr nach den Gesetzen der Freiheit, des Mitgefühls und der Liebe handelt. Eure Seele beobachtet euch, wie ihr lebt und seid. Sie greift auch bei schmerzhaften, für euch problematischen Situationen nicht aktiv ein. Man könnte sagen, sie muss gefragt und angehört werden. Ein wenig ist dies vergleichbar mit der Situation, die ihr auch in Bezug auf andere Energien und Wesenheiten, vorfindet. Wenn ihr nicht sagt: *„Ja, ich bin bereit für Kontakt und Öffnung*" und vertrauensvoll den Weg sucht, so werdet ihr die Begegnung nicht haben. Die Zugangswege zur Seele sind Stille, Liebe, Dankbarkeit, Vertrauen. In vertiefter Konzentration und Hingabe, wie immer, wenn solche Energien angesprochen werden wollen: "Sich mit seiner Seele verbinden", "Auf die Seele hören". Diese Zugangswege sind Energien, die gehalten werden können, um mit der eigenen Seele leichter und intensiver in Kontakt zu treten.
Dies ist ein tiefes Mysterium eures Lebens.

MEDITATION: SOLARPLEXUS – SEELE

Schließt die Augen, atmet ruhig und tief, verbindet euch mit der Haltung der Liebe, der Dankbarkeit in konzentrierter Stille. Haltet diese Energien und richtet eure Aufmerksamkeit auf euren Solarplexus. Atmet und haltet Stille. Achtet, was in euch hochkommt, welcher Gedanken ihr gewahr werdet, lauscht ruhig, bleibt fokussiert bei dieser Aufgabe und ihr werdet hören, empfinden und fühlen. Bleibt in dieser Haltung, solange ihr euch wohl fühlt, erfasst jede Botschaft, die euch eure Seele sendet, und kehrt dann langsam in euer Bewusstsein zurück.

Glaubt an das, was euch an energetischer Botschaft erreicht. Vertraut euch, zweifelt nicht. Glaubt nicht ihr bildet euch dies ein, denn über das Einbilden haben wir schon früher gesprochen. Zur Erklärung der gehaltenen Energien als Zugangsweg sei Folgendes gesagt: Liebe, allumfassend und absichtslos, soll die Haltung zeigen, die ihr eurer Seele entgegenbringt, sie soll euch energetisch auf diesen Kontakt einstimmen; das Vertrauen deshalb, um die Haltung zu repräsentieren, mit der ihr dieser Begegnung gegenübertretet und die Dankbarkeit, soll euer Gefühl eurer Seele gegenüber zum Ausdruck bringen, für die lange, auch beschwerliche Begleitung über die Zeit. Euer Sein ist unauflöslich mit eurer Seele verbunden, sie repräsentiert euch und ihr sie, und sie ist, wie jede Energie, in einem Prozess der Entwicklung und Entfaltung. Nichts ist fertig, beendet, vollendet, sondern alles ist in Wandlung und Bewegung begriffen. Energie fließt und muss fließen, um zu wirken. Je häufiger ihr euch mit eurer Seele verbindet, umso intensiver wird dieser Kontakt, umso tiefer die Begegnung und umso reichhaltiger der Inhalt der Kommunikation. Die Verbindung zwischen Seele und den Organen, die besondere Beziehung zu Emotionen besitzen, ist deshalb räumlich so eng, da es sehr viele energetische Querverbindungen gibt und die Seele all diese alten Abspeicherungen kennt. Es ist ein sehr wesentlicher Punkt, sich um deren Lösung und Heilung zu kümmern. Der Weg der Entwicklung geht über die Lösung aus der Vergangenheit und über die Heilung all dieser Muster. Nicht geheilte Vergangenheit, Muster und Themen führen zu Emotionen, die die Botschaft zum Verständnis darstellen.

Ihr Lieben, eure Seele befindet sich auf einer Reise, einer Wanderschaft und hat in sich die Möglichkeit und das Potential zur eigenen Entwicklung. Alle, auch sehr hoch entwickelten Wesen, lassen auf ihrer Ebene Bewegung und Entwicklung zu und streben sie an. Sie haben in ihren Regelkreisen, die Aufgabe, ihr Potential weiter und weiter auszudehnen und zu vervollkommnen. Diese Entwicklung der Seele spielt sich höherdimensional in mehreren Bereichen ab. Zum Ersten: In der Begleitung des Menschen persönlich, in seiner Inkarnation. Die Begleitung über Tag, in bewusstem Zustand und die Kommunikation während der Nacht, für viele von euch unbewusst, wird fortwährend, in vielerlei Hinsicht zunehmend effektiver und zielgerichteter gestaltet. Dies beinhaltet besonders den sparsamen Gebrauch der Mittel, die Schulung des Menschen auf sehr subtile Weise, die Schaffung von Möglichkeiten und die vorsichtige Beeinflussung der Aufmerksamkeit, der Grundhaltungen, auch die Auswahl der Erlebnisse und Ereignisse während des Tages. Seid euch sehr bewusst, dass die Kreation eures tatsächlichen Lebens in keiner Weise einem allfälligen Zufall, den es ja nicht gibt, überlassen ist. Viele von euch erkennen die lückenlose planvolle Aneinanderreihung von Möglichkeiten, Chancen und neuen Zugangswegen nicht an, sondern lassen sich durch ihr Leben treiben, ohne die Aktivität über all das sich Bietende zu ergreifen und so das Leben bewusst zu beeinflussen. Die Gestaltung erst macht euren Fortschritt, eure Entwicklung aus. Indem ihr euch entfaltet, erlaubt ihr wechselweise eurer Seele, wenn auch in anderer Dimension, ihre Schritte zu gehen. Die Seele ist in ihrer Entwicklung jedoch von eurer eigenen persönlichen Entwicklung abhängig.

Euer Bauchgefühl, eure Intuition ist ein für euch alltäglich erfassbares Spiegelbild eurer Seele. Es ist die Darstellung des Seelengefühls, das euch Nähe und Einblick in eure Seele erlaubt und euch bei Entscheidungen und Fragen zur Verfügung steht. Ihr verbindet euch mit eurer Intuition, indem ihr zur Entscheidungsfindung eure mentale Zuwendung zu einem Problem vermindert, nicht nur mit euren Gedanken eine Situation zu erfassen sucht, sondern das streng Rationale außer Acht lasst, und euch dieser intuitiven Ebene zuwendet. Die Intuition erlaubt Einblick in das Mysterium eurer Seele, dessen, was nicht zu beschreiben ist, sondern das hochkommt und euch zu einer Entscheidung oder einer möglichen Lösung rät. Die Seele lässt euch in sich eindringen, einen Blick in sich werfen, wenn ihr euch öffnet und euch dafür bereit macht. Dies entspricht für euch einem Vorschlag einer Lösungsmöglichkeit. Diese Empfehlung repräsentiert auf Seelenebene der in unendlicher Schnelle entstandenen Synthese von allen Möglichkeiten, die eurem höchsten Wohl entspricht, dem höchsten Wohl aller und dem eurer Mutter Erde. Lebt ihr nach eurer Intuition, lasst ihr diese bei euren Entscheidungen ein Wörtchen mitsprechen, so seid ihr mit diesem multidimensionalen Bereich, jenseits von Raum und Zeit, den Gesetzen der Energie und der Göttlichkeit entsprechend, verbunden. Dieser Zugang zu eurer

Intuition kann bewusst, nach eurer Absicht im Rahmen des Gehens in die Stille, der Ruhe, der Versenkung, der Meditation, erfolgen, oder in jeglichem Lebensumstand als Gedanke oder Gefühl in euch hochkommen. Natürlich habt ihr auch hier die Möglichkeit neu zu erschaffen. Wenn ihr euch bewusst in Trennung begebt, nur euren mentalen Kräften vertrauend, so werdet ihr schwer Zugang zu dieser Ebene erhalten. Dennoch verhält es sich dann so, dass sich eure Seelenebene sehr wohl meldet und versucht euch eine andere Möglichkeit zur Entscheidung vorzulegen. Hier fühlt ihr oft die enge Verbindung zu euren Herzensqualitäten, die sich ebenfalls Gehör verschaffen wollen. Die Entscheidung erfolgt nach dem energetischen Prinzip der Stärke und der Frequenz und wird von euch nicht direkt wahrgenommen, sondern in Form von treibender Kraft empfunden: *„Das muss ich so tun, das ist so stark in mir, ich muss so entscheiden"*. Welche Ebene auch immer energetisch dominant ist, alles ist zu eurem höchsten Wohl, und erlaubt Lernen und Erfahrung, Abgleichung und Erkennen. Wieder sei betont, dass alle eure energetischen Bereiche in der Tat eine Einheit darstellen, die sich als Ganzheit zeigt und wirkt.

DAS RESONANZPRINZIP

Das Solarplexuschakra hat für alle Emotionen, die ihr euch vorstellen und fühlen könnt, entsprechende Vorlagen und ist in der Lage alle Reaktionen, die einer bestimmten Situation entsprechen und eurer Erfahrung, die ihr zur Bewältigung in dieses Leben gebracht habt, in euch wachzurufen. Erlebt ihr eine bestimmte Situation, so erhebt sich in euch die Frage: *„Kenne ich das? Habe ich Ähnliches schon erlebt? Habe ich in vergleichbarer Weise schon einmal auf bestimmte Erfahrungen reagiert?"* Euer inneres Gedächtnis klärt all das in Blitzesschnelle ab und teilt euch das Ergebnis mit. Alles geschieht auf emotionaler Ebene im Solarplexus. Ist keine entsprechende Abspeicherung vorhanden, meldet sich vielleicht euer Herz, und sendet Mitgefühl in diese Situation, oder euer Intellekt sagt:" *Da muss ich jetzt sehr bewusst handeln",* oder beide gemeinsam kommen zu einer Entscheidung. Ist jedoch eine Resonanz für euren Solarplexus erkenn-bar, so werdet ihr in Form einer sehr spezifischen Emotion reagieren, also mit Wut, Ärger, Eifersucht und dergleichen. Dies sind sehr spezifische Informationen aus eurem Inneren, die persönliche, individuelle Reaktionen darstellen. Sie erlauben euch die Möglichkeit, Verständnis für euch, für euer gesamtes Wesen zu fühlen, um die alten Erfahrungen zu erkennen, sie gefühlsmäßig und mental zu erfassen. Durch das Begreifen der Situation auf allen Ebenen und durch die Bewusstwerdung dieser Erfahrung, könnt ihr einer Lösung nähertreten, indem ihr gefühlsmäßig reagiert, und hier ist besonders eure Herzensqualität gefragt. All diese Lösungsmöglichkeiten erfolgen in erster Linie durch Liebe, Mitgefühl, Dankbarkeit und Vergebung. Hier braucht es nur euch und eure Bereitschaft dazu JA zu sagen.

Bei intensiven Abspeicherungen, bei starken, immer wiederkehrenden Emotionen, die hochkommen und euer Leben schließlich dominieren, werden die Organe, die nun im Einflussbereich des Solarplexuschakras liegen, physisch entsprechend in Mitleidenschaft gezogen. Die Leber, die Milz, die Bauchspeicheldrüse, der Magen und der obere Darmtrakt reagieren. Die grundlegenden Emotionen sind unterschiedlich und haben Resonanz in ihrer Grundschwingung mit den spezifischen Organen. Die ursprüngliche Vorlage ist als Information sowohl im Chakra selbst, als auch im entsprechenden Wirbelsäulenbereich, der mittleren Brustwirbelsäule, angelegt. Es ist all das in euch selbst vorbereitet und die göttliche Schöpfung hat im Rahmen der menschlichen Evolution alle diese Möglichkeiten vorgegeben, um euch die Chance zu geben, in euch schlummernde, aus alten Erfahrungen herrührende Verletzungen, durch emotionale Information und damit verbundene physische Erfahrungen, bewusst zu erfassen, und entsprechend zur Heilung zu bringen.

Je intensiver ihr diesen Heilungs- und Erkennungsvorgang vorantreibt und diesen Weg beschreitet, umso freier wird die Seele für ihre eigene Evolution und Entfaltung. Dies ist gut vergleichbar mit eurem Körper, der, wenn er einmal die Spiegelfunktion verlässt, weil immer weniger ungeheilte Erinnerungen vorhanden sind, die dieser physischen Spiegelfunktion bedürfen, sich seinem eigenen Entfaltungsvorgang widmen kann. Und ich sage euch, das Potential ist enorm. Der Möglichkeiten sind viele und der Bedarf ist groß. Denn das, was in euch geheilt ist, wird an der Welt geheilt und eure Evolution erlaubt die Evolution von Mutter Erde.

SAKRALCHAKRA – NABELCHAKRA

Wir wenden uns dem Sakralchakra zu, dem physischen Bereich eures Unterbauches, eurer harnproduzierenden und -ableitenden Organe, dem Bereiche eures Dickdarmes und eurer Fortpflanzung. Dieses Chakra ist um euren Nabelbereich angesiedelt.

MEDITATION: SAKRALCHAKRA

Wenn ihr die Augen schließt, ruhig atmet und euren Fokus darauf mit all eurer Aufmerksamkeit lenkt, so werdet ihr die Energie des Chakras fühlen, in ruhiger

Pulsation oder der euch entsprechenden Art und Weise.

AUFMERKSAMKEIT

Dieses Chakra verbindet viele Aspekte, die mit Loslassen, mit Reinigung und Klärung, aber auch mit Neuentstehung und Kreativität zu tun haben. Ganz generell wisst ihr, dass eure Energie eurer Aufmerksamkeit folgt, mit anderen Worten: Seid ihr auf ein bestimmtes Problem und dessen Lösung konzentriert, seid ihr einem Erlebnis oder einer Begegnung hingegeben, so beginnen eure übrigen Bereiche in den Hintergrund zu treten, bis sie keine Bedeutung mehr besitzen. Ihr werdet sie gar nicht mehr wahrnehmen, weil eure gesamte Aufmerksamkeit auf einen bestimmten Bereich gerichtet ist. Es ist nicht so, dass andere Bereiche nicht mehr vorhanden sind, nein, sie sind nur nicht an der Oberfläche und können jederzeit, wenn ihr eure Aufmerksamkeit wieder auf sie richtet, erneut in euer Bewusstsein treten. Diese Aufmerksamkeit dirigiert euer Leben. Sie ist ein Werkzeug, wie ihr eure Lebensabläufe gestaltet, und eure Lebensenergie ökonomisch ausrichten könnt. Wenn ihr euch auf eine Aufgabe konzentriert, euch ihrer mit all eurer Aufmerksamkeit annehmt, so werdet ihr der Lösung rasch näher treten, und sie effektiver beenden, verglichen mit halbherziger, wiederholter Beschäftigung, die oft kein so richtiges Ergebnis zeitigt. Eure Aufmerksamkeit ist in erster Linie von eurem Dritten Auge gesteuert, wiewohl natürlich die Art der Aufmerksamkeit, gefühlsmäßig oder spirituell, in diesen Bereichen, eine entscheidende Grundhaltung darstellt. Aufmerksamkeit wirkt sich auf jeden Bereich bedeutend aus, und ist für die Handlungsfähigkeit auf allen Gebieten entscheidend. Der Wille zur Aufmerksamkeit, das sich Ersuchen, sich Bitten aufmerksam zu sein, ist eine Funktion, die sich in erster Linie im Bereich des Dritten Auges abspielt. Wie ihr gut wisst, kann die Aufmerksamkeit jedoch durch Gedanken, Gefühle, Emotionen oder körperliche Erscheinungen abgelenkt werden. Dies ist dem Resonanzprinzip und dem Gesetz der Energie unterworfen. Dominiert eine Emotion oder ein aufkommender Gedanke, der auf euch in Stärke und Frequenz eine bestimmte Faszination ausübt, den Willen und die Bereitschaft zur Aufmerksamkeit und Achtsamkeit, so werden beide zurücktreten müssen und ihr lasst euch von der Emotion oder dem Gedanken gefangen nehmen. Diesem Aspekt kann in zweierlei Hinsicht begegnet werden. Erstens kann der Wille und die Absicht zur Aufmerksamkeit durch Übung gestärkt werden. Zweitens können Reinigungs- und Lösungsschritte unternommen werden, um mental und emotional, das, was euch nicht mehr dienlich ist, was euch jedoch fasziniert, zu entlassen, und euch davon zu lösen. Diese Erfahrungen werden vom Sakralchakra betreut und gesteuert, abzugeben, um Fokussierung zu erreichen und Raum für Neuerschaffung zu eröffnen. Dieser Raum beinhaltet zugleich das Verlassen von Gewohntem, von dort, wo ihr euch zu Hause fühlt, möge es auch noch so belastend oder schmerzhaft von euch empfunden werden.

MEDITATION: DIE REISE IN DAS GRENZENLOSE UNBEKANNTE

Macht es euch bequem, atmet, schließt die Augen und geht mit mir auf eine Reise.

Atmet, werdet ruhig, lasst euch nicht ablenken, bleibt konzentriert und folgt mir nach. Stellt euch eine Hochebene vor, einen Berg, geht auf diesem Plateau aus Stein und seht plötzlich, dass ihr auf einem Kliff steht. Weit unter euch ist das tosende Meer. Stellt euch an den Rand des Kliffs und lasst euch Flügel wachsen. Schaut hinunter auf das Meer, lasst die Angst gehen, wenn sie euch nahe kommt. Seht und fühlt: Ihr habt Flügel. Nun stoßt euch langsam von der Klippe ab und fliegt. Fliegt mutig in das Unbekannte. Genießt das Gefühl der Freiheit, des Loslassens, des Schwebens. Kreist über dem Meer, und dann lasst euch dorthin tragen, wohin euch der Wind weht... Kommt zurück in euren Raum zur rechten Zeit, bewegt euch, öffnet die Augen und seid euch über alles um und in euch bewusst.

Manche von euch bevorzugen, trotz allem, in ihren Gewohnheiten zu verharren, statt durch Lösung Neues, Unbekanntes, zu erschließen. Der Hauptgegner ist die Angst. Deshalb sitzt Angst in den Bereichen, die euch für Neuerschaffung und dessen Ausdruck zur Verfügung stehen: Im Kehlchakra (*"die Angst im Nacken"*) und im Sakralchakra (*"Das geht mir an die Nieren."*). Es ist deshalb nötig, Altes, Überkommenes, euch nicht mehr Dienliches und euch Hemmendes loszulassen und euch davon zu lösen, weil Angst aus der Erinnerung an die Vergangenheit stammt. So erinnert euch zum Beispiel Verlustangst an schwerwiegende Situationen, in denen ihr Verlust erfahren habt. Die Voraussetzung zur Heilung dieser Angst ist das Loslassen und das Fließenlassen der Erinnerung an das Vergangene. Vergesst nicht, ihr habt es immer mit Energie zu tun. Womit auch immer ihr euch in eurem Inneren beschäftigt – es ist Energie. Stagnierende, blockierte Energie in Form von Emotion, von Anhaftungen, von Fremdenergien oder Besetzungen – um nun einen größeren Bogen zu spannen – erfordert Bereitmachung und Öffnung, um die Energie zum Fließen zu bringen. Natürlich sind die Identifikation und die Aufdeckung der Ursachen und Zusammenhänge für diesen Lösungsvorgang ebenfalls bedeutsam. Die Grundhaltung, sich lösen zu wollen und fließen zu lassen, ist jedoch Voraussetzung. Welches Organ wäre denn mehr verbunden mit dem Fließen als die Niere und die Organe der Harnableitung.

MEDITATION: REINIGUNG UND KLÄRUNG

Atmet ruhig und schließt die Augen, lenkt eure Aufmerksamkeit langsam, liebevoll und ruhig auf die Nieren. Dankt ihnen, dass sie für euch die Funktion der täglichen Reinigung von auszuscheidenden Stoffen und Aspekten übernehmen und lasst euch tiefer von dieser Dankbarkeit erfüllen. Empfindet einmal, wie sich eure Nieren anfühlen. Es ist für sie ein ganz ungewohnter neuer Aspekt, dass ihr euch bei ihnen für ihre Tätigkeit bedankt. Fühlt das Fließen, das Filtern des Blutstromes in beiden Nieren, die Durchblutung, und ermesst diesen Prozess mit all euren Sinnen. Fühlt, was hier in euch vorgeht, ein System in euch zu haben, das automatische Reinigung ermöglicht. Befreiung von dem, was in euch überschüssig ist, nicht mehr benötigt wird und euch nicht mehr dienlich ist, ist ein Meisteraspekt der Schöpfung! Verbindet euch mit dieser Energie, die die körperliche Funktion ermöglicht. Bleibt mit eurer Aufmerksamkeit dort und tut dies jetzt und seid nicht erstaunt, wenn sich dabei bestimmte körperliche Aspekte ergeben und eure Nieren auf eure

Aufmerksamkeit zu reagieren beginnen. Sammelt euch und tut dies jetzt.
Konzentriert euch weiter auf die Nieren und holt in euch die Emotion der Angst vor einer bestimmten Begebenheit oder einem Ereignis hervor. Visualisiert diese Angst: Vor einer Entscheidung, vor dem Eintritt einer Situation oder einem stattgehabten Ereignis. Lasst sie da sein, verbindet euch mit dieser Angst, und nun lasst sie durch eure Nieren abfließen, löst euch von dieser Energie, die euch nicht hilft, sondern euer Leben nur belastet. Diese Übung befreit euch nicht von der Ursache der Angst, vor einer bestimmten Situation, sondern soll euch nur erfahren und fühlen lassen, wie sich das präsentiert in und an euch: Loslassen, sich lösen von Angst. Beobachtet aufmerksam eure Nieren, lasst Angst hochkommen, und lasst euch von dieser Emotion klären, klärt euch selbst. Gutes Gelingen!

In diesem Zusammenhang sei noch erwähnt, dass die Öffnung der Kniekehlen und der Fußsohlen den Sog und den Fluss dieser Energien wesentlich erleichtert. Es ist deshalb für jeden Lösungsvorgang ratsam, vorher die Aufmerksamkeit auf die Knie und die Fußsohlen zu legen, und so die Bereitschaft zur Abgabe zu erhöhen.

MEDITATION: ERDUNG – VERBINDUNG HIMMEL UND ERDE

Stellt euch mit bloßen Füssen auf eine Wiese oder visualisiert dies, atmet, werdet ruhig, genießt dieses Gefühl, die Erde, das Gras, auch die Steine unter euren Füssen zu empfinden. Schließt die Augen und lenkt eure Aufmerksamkeit auf eure Fußsohlen. Fühlt eure Zehen, Fußrücken, Fersen, eure gesamte Fußsohle und nun verbindet eure Aufmerksamkeit mit dem Gefühl des Öffnens, des Bereitseins zur Begegnung. Nennt in euch den Namen der Energie, die diesen Vorgang unterstützt: Sandalphon. Nun lasst langsam Wurzeln aus euren Fußsohlen wachsen und lasst sie gedeihen und weiterwachsen bis ihr fest verwurzelt steht in Mutter Erde. Fühlt die Sicherheit, die Geborgenheit, die Verbundenheit. Ersucht Mutter Erde, ihre Energie aufnehmen zu dürfen. Holt euch mit jedem Atemzug diese Mutterenergie über eure Fußsohlen in euer Wurzelchakra, fühlt, empfindet. Achtet auf die Qualität dieser Energie und fühlt, wie sie langsam aufsteigt, bis sie zu eurem Herzen gelangt. Haltet diese Energie dort. Nun atmet Energie, universelle Energie durch eure Krone ein, lasst sie durch euer Drittes Auge, eure Kehle strömen und schließlich das Herz erreichen. Verbindet die Energie eurer Erdenmutter in eurem Herzen mit der eures Himmelvaters. Fühlt und achtet was in eurem Herzen geschieht. Genießt diese Verbindung, erhaltet sie und erneuert sie durch Wiederholung. Freut euch, genießt, tut dies, so oft ihr wollt. Danach kehrt langsam in euer normales Bewusstsein zurück.

GEISTIGES FILTERN DURCH DIE ENERGIE DER NIERE

Gehen wir zum allgemeinen Teil der Bedeutung des Chakras und damit der Niere, so stellt das Filtern einen wesentlichen Teil ihrer Funktion dar: die Unterscheidung zwischen harnpflichtigen Substanzen und solchen, die im Körper verbleiben sollen. Dafür steht die Niere auch energetisch, für Diskrimination, Unterscheidung. Hier sei auf den wesentlichen Unterschied zwischen Unterscheidung und Beurteilung, Wertung oder gar Verurteilung hingewiesen. Unterscheidung ist ein subjektiver, individueller Vorgang, der eine Abgleichung mit dem inneren Sein, ja sogar mit der Essenz erlaubt, resultierend in der Frage: *„Entspricht mir dies? Ist mir dieser Aspekt nützlich? Und wenn ja, wofür?"* Das in euch Entstehende, auch das, was über die verschiedenen Wege an euch herangetragen wird, wird nach der Nützlichkeit, nach eurer individuellen Betrachtung aufgenommen, oder losgelassen und darf euch wieder verlassen. Das ist eine geistige, auch spirituelle Filterfunktion, die sehr der organischen Funktion eurer Nieren entspricht. Dieser Vorgang verläuft überwiegend unbewusst, jedoch kann er, bewusst gestaltet, den Reichtum und die Universalität eures Seins bereichern. Bewusst zu unter- und entscheiden, behalten oder ziehen lassen, oder sogar aktiv lösen, loslassen und dorthin auf den Weg senden, woher es kam, hat für euer Leben eine tiefe Bedeutung. Dies bedarf näherer Betrachtung: Ein Grossteil dessen, was in euch und an euch gebunden ist, gehört dem Unterbewusstsein an, und benötigt daher üblicherweise bewusste Betrachtung, um losgelassen werden zu können. Der Zugang zu diesem Geschehen, erfolgt, wie vorher gesagt, zum Beispiel über die Information durch Emotionen, kann aber durch andere Techniken in euer Bewusstsein gelangen. Wenn ihr versteht, euch bewusst klar gemacht habt, worum es sich handelt, so könnt ihr aktiv durch Einschaltung eurer Lösungsenergie im Sakralchakra über die Nieren, diesen Vorgang aktivieren. Ein Aspekt dabei ist, diese Energie sehr bewusst in ihre "Heimat" zu senden, in ihre Farbe, ihren Ton, in ihren ihr zukommenden Energiebereich. Ihr wisst, dass alle diese Energien, mögen sie noch so schmerzhaft oder belastend für euch gewesen sein, wichtige Erfahrungen und Erkenntnisse für euch dargestellt haben. Sie sind ja nicht schlecht oder negativ, sondern wie anderes, was euch vielleicht gefühlsmäßig nahe ist, eine Schöpfung Gottes, der Göttin. In diesem Zusammenhang sei darauf verwiesen, dass ihr einen Schritt weitergehen könnt. Ihr könnt in euch eine Grundhaltung programmieren, dass ihr darum bittet, dass alles, was euch nicht dienlich ist, und von "außen" an euch herantritt, oder in euch selbst entsteht, sich über diesen Weg des Sakralchakras von euch lösen darf und euch verlassen darf. Dies ist eine Bitte um Programmierung an eure Innere Weisheit, euren göttlichen Grundplan, eure Schöpfung. Ja, es sind diese Programme angelegt. Sie benötigen achtsame Ruhe, Vertrauen und Liebe zu eurer Schöpfung in euch, auch zeitliche Hinwendung und wiederholte Betrachtung. Dies sind visionäre Überlegungen für die Zukunft.

MEDITATION: LÖSUNG UND NEUPROGRAMMIERUNG

Ihr Lieben, schließt die Augen, atmet und werdet ruhig, sitzt so aufrecht wie möglich oder liegt, atmet. Seid zentriert und ausgerichtet, seid euch eures Seins bewusst, eurer göttlichen Schöpfung und habt Vertrauen in sie. Haltet dieses Vertrauen in euch, dass ihr für euch zu eurem höchsten Wohl selbst gestalten könnt. Ihr müsst nur wollen, und es tun. Habt deshalb Vertrauen in eure Fähigkeiten und richtet eure Aufmerksamkeit auf euer Sakralchakra. Atmet und lasst durch dieses Chakra eure Energie fließen. Fokussiert euch mit der Absicht alles Blockierende aus diesem Chakra zu lösen, alles was euch hinderlich ist, was euch hemmt, euer Potential zu erreichen. Haltet neben der Energie des

Vertrauens, diese der Öffnung, um Lösung zu erlauben von allem, was euch nicht mehr dient. Lasst es ziehen. Sendet es dorthin, wo es hingehört, sendet all dies in ihre Welt, in ihre Energie. Dann bittet euer Sakralchakra, zuzulassen, dass schrittweise alles, was nun hochkommt, euch verlassen darf. Versteht, dass solche Lösungsschritte und Neuprogrammierungen, Prozesse sind, die schrittweise erfolgen, immer wieder bewusste Hinwendung erfordern, um das Universum von der Ernsthaftigkeit eurer Absicht und eurer Bereitschaft zu überzeugen. Bittet um Installierung dieses Programms JETZT! Kehrt dann, wenn es euch passend erscheint, wieder in euer Bewusstsein zurück.

Ihr Lieben, ihr werdet das, was ihr nun an euch gestaltet habt, utopisch finden. Ja, dies ist es in der Tat! Es ist neues Wissen, neue Fähigkeit, neues Vertrauen in euch: Euch zu gestalten, euch zu erschaffen zu eurem höchsten Wohl. Ja, ihr habt Gegner in euch: Der Zweifel, das Misstrauen, den Glauben an die völlige Unmöglichkeit dessen, was ich euch berichte. Diese Zweifel werden von manchem, in euch genährt, und sie spielen die Rolle, euch in eure Selbstermächtigung zu bringen, zu euch und eurer Essenz zu stehen. Ihr Lieben, ihr habt immer die Wahl, es ist immer eure Entscheidung, was ihr tut, was ihr an euch geschehen lasst, jedoch glaubt mir: In alten Zeiten war dies übliche Praxis, wenn Fähigkeiten benötigt wurden, diese an sich selbst zu erschaffen. Nehmt all das nicht auf die leichte Schulter. Versteht: Das, was ihr an euch kreiert, muss zu eurem höchsten Wohl und dem aller sein. Viele haben mit solchen Fähigkeiten Missbrauch betrieben, und haben oft lange Zeit gebraucht, um zu verstehen, zu erkennen, erneut zu lernen und wieder zu gestalten. Das Wissen, das ich euch übertrage ist heilig. Nützt es zu eurem höchsten Wohl. Ihr benötigt dazu ausschließlich euch selbst und eure spirituelle Disziplin. Ihr könnt all diese Programmierungen bewusst auf DNA und atomarer Ebene erfolgen lassen. Bedenkt bitte, dass sie von den universellen Kräften nur dann berücksichtigt werden, wenn sie nach Gottes Ratschluss für euch erlaubt sind. Es kann notwendig sein, dass ihr eine spezielle Erfahrung, zum Beispiel, der Auseinandersetzung mit einer Fremdenergie, oder der Bewusstwerdung einer speziellen Problematik, für eure weitere Entwicklung erleben sollt. Die Lösung von solchen Energien hat sehr bewusst zu erfolgen. Das Universum geht mit allen Ressourcen prinzipiell sparsam und rationell um und achtet auf Sorgfalt und Harmonie in jedem Bereich.

Wenn das Wort Harmonie gefallen ist, so erlaubt mir zu weiblichen und männlichen Aspekten, bezüglich der beiden Nieren Stellung zu nehmen. Männlich und weiblich bedeuten einen Ausdruck der Polarität, also der Darstellung eines Faktums in zumindest zwei Ausprägungen. Vieles oder fast alles in der geistigen Welt, hat keine geschlechtliche Definition. Deshalb nennen wir Gott, Göttin nur in der Kommunikation mit euch so. In unseren Bereichen hat dies keine Bedeutung, sondern diese Trennung ist bestimmten Aspekten der göttlichen Schöpfung vorbehalten. Ganz generell und weit weg von präzise dargestellt, wird männlich mit mental, bewegt, elektrisch und weiblich mit gefühlsmäßig, aufnehmend, magnetisch in Verbindung gebracht. Wir bleiben für die Beibehaltung des Redeflusses bei dieser einfachen Definition, aber nur, um bezüglich der Nieren fortfahren zu können. Die rechte, also "männliche" Niere, ist für die Lösung von mentalen Mustern, Gewohnheiten und Anhaftungen zuständig, die „weibliche" linke Niere vor allem für das, was mit Gefühlen und Emotionen zu tun hat. Hier sei euch erneut eine Übung ans Herz gelegt. Machtausübung über andere ist ein sogenannter "männlicher" Aspekt. Bitte bedenkt, es geht nicht um eine Abhandlung über Macht, sondern ausschließlich, um mit einem Beispiel eine Erklärung darzulegen.

MEDITATION: PRINZIP DER LÖSUNG AUS POLAREN ENERGIEN

Schließt die Augen, atmet und lenkt eure Aufmerksamkeit auf die Energie der Machtausübung. Ruft diese Haltung in euch hoch und stellt euch Situationen vor, die euch in den Sinn kommen. Ruft in eurer Vorstellung eine Situation auf, in der ihr sehr machtvoll, ihr würdet sagen sehr ungerecht agiert habt; eine Situation in der euer ausgeübter Wille die Oberhand über eure anderen Ebenen gewonnen hatte, ohne Mitgefühl und Anteilnahme. Seht euch diese Situation ohne ein Gefühl der Schuld an. Geht in dieser Erfahrung energetisch wirklich völlig auf, identifiziert euch damit, beobachtet, lasst es ganz da sein. Fühlt in euch, wo ihr diese Energie ausgeübter Macht empfindet, wo sich diese Energie in euch darstellt, denkt nur an die Macht, die ihr ausgeübt habt, und bringt dieses Gefühl nun zum Fließen. Bietet es beiden Nieren neutral an und fühlt, welche Niere sich dieser Energie zur Ausscheidung annimmt. Holt die gesamte Energie von dem Ort in eurem Energiekörper, sendet sie zu den Nieren und achtet genau auf welche Seite sie fließt. Tut dies solange, bis ihr kein Gefühl der Machtausübung mehr in euch verspürt. Achtet auf euer Befinden. Wie geht es euch jetzt? Kehrt nochmals in diese Situation zurück und bringt Mitgefühl aus eurem Herzen allen Beteiligten zum Ausdruck. Achtet darauf, dass ihr dabei nicht denkt, sondern dass dieses Mitgefühl wirklich aus eurem Herzen kommt. Atmet, tut dies jetzt und kommt danach zum passenden Zeitpunkt in euer normales Bewusstsein zurück.

Natürlich wird es ein wenig Übung erfordern, diesen „männlichen" Aspekt der rechten Niere fühlbar zuzuordnen und zum Beispiel den Aspekt einer betonten, akzentuierten Sorge, als Beispiel für ein "weibliches" Gefühl, eurer linken Niere. Wiederholt die Übung mit dieser Energie, gestaltet das für euch selbst und dann sucht andere Aspekte in euch, die der Heilung bedürfen. Der Klarheit halber sei darauf hingewiesen, dass männlich und weiblich nicht mit eurem physischen Geschlecht in Verbindung gebracht werden soll. Dies stellt ein Zugeständnis an euren Sprachgebrauch dar. Sonst würde das ja heißen, dass Männer ausschließlich denken und Frauen fühlen. Der Weg ist wohl die Harmonie zwischen beiden Polaritäten, für beide Geschlechter.

DIE ÄNDERUNG DER VERGANGENHEIT

Diese Übung hat zwei unterschiedliche Informationen für euch. Männliche und weibliche Aspekte präsentieren sich auf unterschiedlichen Seiten eures Körpers und Energiearbeit verändert das Gefühl für euch selbst. Ihr könnt euch von einer Erfahrung, die ihr einmal aus bestimmten Gründen gemacht habt,

befreien, und dies ändert euch. Es verschafft euch Wohlbefinden, könnt ihr euch von einer Energie trennen, die euch gefühlsmäßig belastet hat. Habt ihr euch aus dieser Erfahrung völlig befreit, diese Energie aus euch herausgelöst, habt ihr den Beteiligten aus vollem, reinen Herzen Mitgefühl bekundet, so habt ihr etwas getan, was vergleichbar damit ist, dass ihr eure Vergangenheit geändert habt. Damit gebt ihr anderen die Möglichkeit, ihrerseits mit dieser Energie umzugehen. Ich habe früher gesagt, das Energienetz ist unvorstellbar fein gesponnen, multidimensional. Dadurch ist es möglich, dass die Beteiligten von eurer Entscheidung, diese Situation zu bearbeiten, informiert sind: In Form von Gedanken, die aufsteigen oder in Form einer neuen Erfahrung. Das Mitgefühl, das ihr ausgedrückt habt, ändert die Qualität der Erfahrung auch für sie und bringt sie in die Lage, die Situation an sich zu heilen. Dies ist häufig ein sehr dynamischer Prozess, der aus verschiedenen Schritten besteht, besonders bei tiefgehenden Erfahrungen.
Wie in jeder anderen Perspektive eures Lebens ist die Absicht und das Tun, das sich Öffnen dafür, entscheidend.

DER DARM

Die Rolle des Darmes liegt physiologisch natürlich nahe. Es obliegt dem Darm keine Filter-, sondern eine reine Ausscheidungsfunktion: Das sich Lösen von dem nicht mehr Dienenden, bewusst abstoßen, entleeren, Platz für Neues schaffen. Das hat sehr viel mit Kreativität zu tun, denn besetzte Plätze können nicht ein zweites Mal vergeben werden. Bewusste Reinigungsschritte oder solche, die als Reaktion auf innere Prozesse entstehen, erfolgen über den Darm, und haben mit angehäuften Schlacken und Ablagerungen, an denen festgehalten wird, zu tun, mit Mustern und Themen, die nicht gelöst und freigegeben werden oder freigegeben können. Dabei verhält es sich so, dass erst die Lösung, Kreativität und Neuorientierung ermöglicht: Freiheit! Diese Freiheit gilt natürlich für alle Lebensaspekte. Dennoch muss sie hier im Sakralchakrabereich erreicht werden. Ihr könnt in euren "oberen" Bereichen, spirituell, mental noch so klare, für euch richtungweisende Entscheidungen treffen, wenn die Lösung von Altem, Aufgestautem, und Blockierendem nicht erreicht wird, entsteht das befreiende, bahnbrechende Neue nicht. Ausgleich im Darmbereich bedeutet, Harmonie und Balance in euch zu schaffen zwischen besitzen, behalten und abgeben, sich zu trennen, von dem was euch nicht mehr dient. Die Frage: *„Was tut mir gut? Was ist davon in meinem Sein repräsentiert und was will ich behalten?"* erfordert eine Antwort in eurem Leben. Ein Teil eurer Essenz wird individuell unterschiedlich bereits tatsächlich gelebt. Und diese Aspekte gehören ja bewahrt.

Könnt ihr die Bereiche, von denen ihr euch trennen sollt, für euch nicht definieren, noch die für euch wichtigen Aspekte bewahren, euch damit nicht in Ruhe und Kontemplation auseinandersetzen, so zerrinnt euch alles immer zwischen den Fingern. Euer Leben besitzt keine Form und keinen Ausdruck, weder Planung noch Grundsatz, keine Aussicht oder Chance, und euer Darm reagiert mit vielen Entleerungen pro Tag. Dieses Symptom steht bei bestimmten Darmerkrankungen im Vordergrund. Hier liegt der Akzent im planlosen Abgeben, und im bewussten Verzichten, zum Beispiel auf Grund alter Gelübde und Schwüre. Die Aufrechterhaltung dieser alten Vereinbarungen verlangen demjenigen soviel Energie ab, dass es leicht zu Energiearmut und Erschöpfung kommt. Wenn ihr bezüglich Abgeben und Behalten in Balance seid, so wird eure Ausscheidungsfunktion ausgeglichen funktionieren.
Eine Reihe von emotionalen Belastungen findet in den Organen des Sakralchakras ihre Darstellung. Vielfache Schmerzbilder der Lendenwirbelsäule können auf mangelnde Balance zwischen Erneuerung und Bewahrung hinweisen.

BEDEUTUNG DES FORTGESCHRITTENEN LEBENSAB-SCHNITTES

Wenn gemeint und gelebt wird, dass Änderungen im fortgeschrittenen Lebensalter keine Bedeutung mehr besitzen, so kann dies auch ganz anders gesehen werden. Im Alter, in dem aus dem aktiven Berufsalltag auf eurer Erde üblicherweise ausgestiegen wird, besteht viel Zeit und Möglichkeit, Arbeit an sich selbst zu tun. Das Erkennen, Ansehen und in sich ruhend Unterscheiden: *Was darf für die nächste Inkarnation in meinem Energiekörper verbleiben? Was soll zur Vorbereitung gespeichert, belassen werden? Was darf verabschiedet werden?* ist für diesen Lebensabschnitt essentiell! Der Schmerz in der Wirbelsäule dient als Hinweis zur Bearbeitung: *„Wie fühle und empfinde ich bewusst in mir? Agiere ich in Freiheit? Erlaube ich mir Lösung und Befreiung, in Abstimmung mit meinem Potential, mit meiner Essenz?"* Diese Fragen sollen kontinuierlich erinnern: *"Ich habe noch Arbeit zu tun!".* In diesem Zusammenhang sind die so häufigen Beschwerden in den Beinen, die mangelnde Beweglichkeit, die rasch nötigen Ruhepausen nach kurzzeitiger Bewegung, ein Hinweis darauf, dass die Absicht in dieser Richtung Schritte zu tun, noch gesteigert und betont werden kann. Dies ist ein klares Beispiel, wie sich am Körper manifestiert, was Entscheidung und Neuorientierung in eurem Leben erfordert. Um es nochmals klar zu machen: Die Speicherungen von zum Teil sehr alten Erfahrungen und Erlebnissen, und die ursprüngliche Anlage eurer Fähigkeiten und Möglichkeiten, Essenz und Potential sind in eurer Wirbelsäule mit Schädel und Becken als Endpunkte oder Begrenzungen, abgelegt. Dort erfolgt auch die Abgleichung, zwischen eurem tatsächlichen IST-Zustand und eurem Potential. Wesentliche Unterschiede, die Handlungsbedarf anzeigen, machen sich daher in diesem Bereich bemerkbar. Selbst kleinere Schmerzattacken können euch wertvolle Hilfe bieten.

GENITALBEREICH

Der dritte Organbereich, der dem Sakralchakra zuzuordnen ist, ist euer Genitalbereich. Er definiert einerseits euer physisches und "geistiges" Geschlecht, andererseits Sexualität, Fortpflanzung, und Arterhaltung. Dort ist ebenfalls eine enorme kreative Kraft, euer Wille und eure Macht beheimatet. Der Wille zur Arterhaltung ist natürlich für jede Spezies, ähnlich wie die Nahrungsaufnahme, die der eigenen Erhaltung dient, und der Mutterinstinkt, der die Ernährung und den Schutz der Nachkommenschaft betrifft, von grundlegender Bedeutung. Deshalb ist die Energie, die mit diesem Aspekt verbunden ist, oft von großem Ausmaß. Hier geht es nicht so sehr um die Erfüllung der geschlechtlichen Begegnung, sondern um die

Möglichkeit diese innewohnende Energie in Form von Kreativität und Entfaltung zu transformieren. Es ist eine bedeutende Chance, diese als Antrieb für die Durchführung der nötigen inneren Prozesse zu verwenden. Sie kann euer gesamtes Leben benützt und umgesetzt werden. Ich spreche durchaus auch für die Bedeutung der tiefen, körperlichen Begegnung zwischen zwei Menschen. Die Erfüllung einer solchen Begegnung kann, wenn beide von tiefer Liebe durchdrungen sind, eine enorme Kraftquelle sein, die in eurem Inneren blüht und gedeiht, und ein Reservoir darstellt, aus dem ihr schöpfen könnt.

Kreativität meint hier einerseits Neuschöpfung, andererseits Änderung und erschaffende Betätigung generell. Eure Lebensaufgabe ist es Entscheidungen zu treffen, Möglichkeiten wahrzunehmen, zu gestalten, aktiv einzugreifen. All das sind kreative Vorgänge, oder können es zumindest sein. Die Gestaltung des eigenen Lebens, im eigenen Sinne, nach den selbst gestellten Aufgaben, keine inneren Grenzen oder Beschränkungen akzeptierend, vom Konzept getragen, dass alles zum höchsten eigenen Wohl, als auch zum Wohle aller, und eures Planeten beiträgt, ist zentral. Wenn wir euch eine Botschaft nahe bringen wollen, dann diese: Gestaltet! Gestaltet! Nehmt euer Leben selbst in eure Hände und lasst eure Transformation erfolgen. Ihr werdet sehen, das Außen folgt nach. Holt euch diesen Antrieb, diese Kraft, aus eurem Sakralchakrabereich. Dieser hat die Möglichkeit große Mengen an Energie, die euch in Form von Licht und anderen Energieformen angeboten werden, für euch umzuwandeln und nutzbar zu machen. Die Energie entsteht automatisch, da viele eurer Brüder und Schwestern noch nicht über diese Zusammenhänge informiert sind, jedoch Energie, die ihnen auf diesem Wege zukommt, benötigen. Allerdings könnt ihr euch bewusst in diesen Vorgang einbringen.

MEDITATION: SAKRALCHAKRA

Schließt die Augen, atmet ruhig und langsam, erlaubt euch Stille in eurem Inneren, Wohlfühlen, Freude, dass ihr an dem Verstehen und Erfühlen eurer inneren Zusammenhänge uneingeschränkt Anteil haben könnt. Es ist immer eure Wahl, eure Entscheidung. Habt Freude daran, atmet, öffnet eure Krone und haltet Fokus, Aufmerksamkeit in diesem Bereich. Ihr könnt diesen Vorgang unterstützen in dem ihr eure Atmung so gestaltet, dass ihr zwar Luft durch Mund oder Nase, aber Energie durch eure Krone "einatmet". So könnt ihr bei jedem Atemzug im Einatmen Energie ansaugen, und beim Ausatmen entweder durch euren Körper fließen lassen oder an einer bestimmten Stelle, die eurer aufmerksamen Zuneigung bedarf, liebevoll Energie konzentrieren.

Damit könnt ihr dieser Energie eine besondere Information oder einen speziellen Charakter verleihen, und so Orte des Defizits, des Mangels, der Disharmonie in euch betreuen und heilen. Tut dies also. Atmet mit jedem Atemzug Energie durch eure Krone und konzentriert sie in eurem Sakralchakra. Ruhig, ohne Anstrengung, mit aufmerksamer Gelassenheit, ohne Druck. Ihr könnt nichts falsch machen. Ihr werdet durch eure Innere Weisheit gelenkt und geleitet. Sie weiß, wie alles zu geschehen hat. Ihr benötigt nur Hingabe und Vertrauen. Atmet, seid ruhig und tut dies jetzt. Gebt ihr euch dieser Erfahrung, für eine euch angemessene Zeit, von einigen Minuten hin, so werdet ihr fühlen, dass sich in eurem Bauch etwas ändert, dass ihr bestimmte Empfindungen: Wärme, Pochen, Pulsieren oder Bewegung fühlt. Das ist die Energie, die ihr steigern könnt, oder vermindern, je nachdem, wie es euch angenehm erscheint. Bedenkt, das ist für euer Wohlbefinden da. Ihr tut damit etwas für euch, wofür ihr keine Voraussetzungen, keine äußeren Vorkehrungen treffen müsst, nur bereit sein, sich öffnen und tun. Habt ihr dies ausreichend an euch geübt, so könnt ihr dieser Energie eine Information oder Bedeutung geben, einen besonderen Aspekt, denn wisst: In der universellen, göttlichen Lichtenergie ist alles enthalten, was ihr benötigt. Es ist nicht so, dass ihr diese Energie verwandeln müsst, in die Absicht oder in diesen Aspekt, den ihr gerne an euch betont hättet, sondern ihr benötigt nur aus dem Ganzen, der gesamten Fülle, das auszuwählen, was ihr für euch nach eurer Auffassung benötigt. Diese ausgewählte Energie sucht sich ihr zugehöriges Chakra. Wenn ihr die Energie der Kreativität, der Lösung, ja auch der Befreiung wählt, so wird sich die Energie mit dem Sakralchakra in Resonanz befinden, und ihr werdet diese Qualitäten zu eurer Heilung sehr betont in diesem Bereich verwenden können.

SEXUALITÄT

Lasst mich, um diesen Bereich vorläufig abzuschließen, noch über die Heilung eurer Sexualität sprechen. Solange ihr als Menschen, als physisch männlich und weiblich existiert, ist Sexualität ein besonderes Thema. Ihr wisst, dass ihr vor Zeiten, in einem noch sehr gottähnlichen Zustand, beide Geschlechter in einem repräsentiert hattet, also androgyn wart. Im Zuge eurer Evolution und der Unterscheidung in weiblich und männlich, war die Sexualität naheliegend, ein bedeutender Aspekt. Je nach Art der herrschenden Zivilisation, ob weiblich im Matriarchat oder männlich im Patriarchat, wurde die Sexualität unterschiedlich gelebt und man könnte sagen, beherrscht. Im Zuge der Entfernung aus dem gottähnlichen Zustand, hatte oft der jeweils dominierende Teil den anderen zur Befriedigung der sexuellen Wünsche gebraucht und der ursprüngliche Aspekt, einer reinen, beide Partner gleichermaßen beglückenden Begegnung, die verbindet, Freude, Erfüllung, und damit Energie vermittelt, wurde schrittweise verloren. Dies besteht größtenteils bis zum heutigen Tag. Die Erfahrungen von Missbrauch, Zwang oder Gewalt auf beiden Seiten sind energetisch noch in vielen von euch vorhanden, und warten auf Heilung. Wir bewerten die verschiedenen Aspekte in keiner Weise, sondern betonen, dass viele Erfahrungen noch zu machen sind. Dennoch möchten wir darauf hinweisen, dass in der sexuellen Begegnung ein enormes Potential, auch an Möglichkeit der Reinigung und der Lösung von Blockaden durch die bedeutenden Energiefreisetzungen besteht. Sexuelle Energie ist in eurem Sein eine bedeutende kreative Kraft, die im Rahmen einer sexuellen Begegnung, die nicht die schnelle Erfüllung, sondern die anhaltende Frequenz und Stärke betont, zu einer Reihe von heilenden und klärenden Resultaten führen kann. Sexualität wurde von eurem Schöpfergott nicht ausschließlich zu eurer Arterhaltung gegeben, sondern aus höherer Sicht, zur Entwicklung einer spirituellen Partnerschaft, die sich körperlich und geistig ausdrücken darf und soll. Diese besondere Energie kann zur Freischaltung blockierter Aspekte und Erkenntnisse führen, zur Lösung von Blockaden im Rahmen von Energieausbreitungen, der Meridiane und zur Vertiefung und Bewusstwerdung spiritueller Erkenntnisse. Es ist anzumerken, dass diese Hinwendung zum sexuellen Bereich des Sakralchakras, nicht unbedingt partnerschaftlich erfolgen muss, sondern durchaus mit sich selbst erfolgen kann. Beim Richten der Aufmerksamkeit auf diesen Bereich und der Bereitschaft, sexuelle kreative Energie durch den Scheitel aufzunehmen, werdet ihr entsprechende Reaktionen in euren Genitalorganen fühlen, die energetisch eine bedeutende Stärke und hohe Frequenz bekommen können. Diese Energie kann durchaus erst einmal in diesem Bereich bleiben und zur Heilung von Wunden, Erfahrungen und schmerzhaften Erinnerungen bezüglich sexueller Erlebnisse verwendet werden. Hier ist es ausreichend euren Entschluss, eure Bereitschaft eurer Inneren Weisheit mitzuteilen.

Generell möchten wir betonen, dass bezüglich der Tabuisierung der Sexualität der Weg der Mitte erstrebenswert ist. Weder sollte die Intimität des Menschen verletzt werden, oder Erfahrungen der Öffentlichkeit preisgegeben werden, die Reaktionen auslösen können, die dem wahren Sinn der Sexualität nicht entsprechen, noch sollte dieses Thema totgeschwiegen werden. Es ist ein Thema, in dem viele Traumata liegen, die die Entwicklung vieler

Menschen hemmen, die dann die Sexualität und damit einen bedeutenden Teil ihres Seins ablehnen, oder Sexualität disharmonisch so stark betonen, dass dies mit wahrer Erfüllung nicht mehr zu verbinden ist. Solche Traumata im sexuellen Bereich des Sakralchakras sind oft durch Schuldgefühle ausgelöst, die auf alten Erfahrungen beruhen, oder bedingen Schuldgefühle, je nachdem, ob die Opfer- oder Täteraspekte im Vordergrund stehen. Aus karmischer Sicht können beide Aspekte vorhanden sein, ohne geheilt worden zu sein. Diese Energien, die im Rahmen eurer Heilung und liebevollen Hinwendung auf eure traumatisierte Sexualität frei werden, können verwendet werden zur Behandlung anderer Bereiche, die dem Sakralchakra zugehörig sind. Erst danach stehen sie für andere Aspekte zur Verfügung.

Ihr Lieben, beobachtet euch ruhig und liebevoll, welche Informationen gefühlsmäßig oder emotional in euch hochkommen, wenn ihr euch mit sexuellen Aspekten beschäftigt. Erforscht in diesen Bereichen eure Gedanken, und erlaubt euch liebevolle, gütige, mitfühlende Betrachtung eures Selbst. Versteht, dass ihr keine Schuld und kein Versagen auf euch geladen habt. Ihr habt gehandelt, wie es eurem wahren aktuellen Sein zu den entsprechenden Zeitpunkten entsprach. Auch, wenn ihr dies befürchtet, ihr verdient keine Strafe, sondern Heilung, und die könnt ihr euch nur selbst spenden. Vertraut auf die Kraft in euch, auf die großen Zusammenhänge, auf die Liebe, Güte und Gnade eures Schöpfergottes, der euch diese Schöpfergeschenke der Möglichkeit selbst Heilung an euch zu gestalten, in reichem Maße gegeben hat. Wenn ihr keine Klarheit in diesem Aspekt finden könnt, weil emotionale Komponenten euch nicht erlauben, die zentralen Probleme zu sehen, empfehle ich konsequente Aufmerksamkeit auf die Lendenwirbelsäule zu lenken.

MEDITATION: MITGEFÜHL UND VERGEBUNG, SEXUALITÄT 1

Atmet ruhig, entspannt euch, seid in eurer Mitte, und achtet euch und auf euch. Atmet ruhig, werdet still. Lenkt eure Aufmerksamkeit auf eure untere Wirbelsäule, haltet die Energie der Lösung, des Erinnerns und wartet welche Situationen und Emotionen hochkommen. Manche werden sehen, manche fühlen, andere werden ganz klare Gedanken haben. Seht euch diese Situationen an, beurteilt nicht, ob Täter oder Opfer, sondern beobachtet, vergebt, liebt, habt Nachsicht und Mitgefühl mit euch, mit anderen Beteiligten. Bittet, wenn ihr klar seht, um Vergebung, wenn ihr in anderer Situation wart, vergebt. Versteht: Ihr tut es für euch, ihr könnt euch nichts Besseres oder Wichtigeres angedeihen lassen, als zu beobachten, da sein zu lassen, es zu fühlen, in welcher Art auch immer, darauf gefühlsmäßig reagieren, aus eurem Herzen kommend, und es loslassen. Lasst es gehen. Ihr habt es angesehen, euch damit konfrontiert und auseinandergesetzt, es als eures angenommen und nun lasst es gehen. Löst euch, es hat euch gedient, aber jetzt lasst es gehen, und sendet alle Emotionen dorthin, wo sie hingehören. So sei es!

MEDITATION: LÖSUNG DER SPEICHERUNGEN AUS DER WIRBELSÄULE, SEXUALITÄT 2

Atmet ruhig, sitzt aufrecht oder legt euch bequem hin, seid in eurer Mitte, achtet euch und auf euch. Atmet ruhig, vergesst euren Alltag, werdet still. Seid völlig entspannt und lenkt eure Aufmerksamkeit auf eure Halswirbelsäule, dort wo sie am Hinterkopf ansetzt. Dann lasst eure Aufmerksamkeit langsam am Rücken über eure Brustwirbelsäule zu eurer Lendenwirbelsäule gleiten. Ihr werdet fühlen, dass eure Chakren bei dieser Bewegung mitreagieren, abhängig von der Stelle eurer Wirbelsäule, auf die ihr eure Aufmerksamkeit richtet. Verbleibt an der Lendenwirbelsäule und dem Übergang zu eurem Kreuzbein und haltet dort eure Konzentration. Wartet bis Bilder auftauchen oder Gedanken kommen. Nehmt diese Botschaften aus euren Abspeicherungen ernst, deutet die Bilder oder Gedanken, verzeiht, bittet um Vergebung und löst euch. Befreit euch aus eurer Vergangenheit, löst euch aus euren Erfahrungen. Zeigt Liebe und Dankbarkeit euch und allen, die daran beteiligt waren, dafür, dass ihr diese Erfahrung machen durftet. Versteht, all das ist gewesen und darf euch verlassen, es dient euch nicht mehr. Lasst es gehen. Seid ernst und konzentriert, aber bereit zur Heilung, die ihr euch nur selbst in voller Eigenverantwortung spenden könnt. Habt Mitgefühl mit euch und mit allen, mit denen ihr Erfahrungen gemacht habt. Wertet nicht, löst euch, öffnet euch, und bleibt in diesem Zustand. Bedenkt die Heiligkeit und Kostbarkeit dieser Begegnung mit euch und anderen! Dann kommt langsam wieder in euer Tagesbewusstsein zurück.

BASISCHAKRA – WURZELCHAKRA

Lasst uns weitergehen zu eurer Basis, der Gegend eures Dammes. Gegenüber eurem Scheitel ist das Wurzelchakra, das Gegenstück zum Scheitel, und in seiner Bedeutung, mit dem Scheitel vergleichbar. Manche dachten, das ist das Unterste, das gehört zu den tiefen Chakren, und ist das Allerunbedeutendste. Dem ist nicht so: Erstens bilden alle Chakren in euch eine Einheit und haben unterschiedliche Funktionen und Bedeutungen, aber sicher keine unterschiedliche Wertigkeit. Zweitens ist der Scheitel zur Aufnahme der universellen Energien vorgesehen, und besitzt entsprechende Einrichtungen, diese höchstfrequenten Energien zu transformieren. Die Wurzel ist für die Aufnahme der Erdenergie da und zur Entlassung der durch die Krone aufgenommenen göttlichen Energien. Das heißt, Krone und Wurzel könnt ihr mit dem Lebensbaum vergleichen, der in vielen Mythologien ein sehr ähnliches Bild aufweist. Beide Zentren sind zur Aufnahme und Abgabe von Energien universeller Natur befähigt. So wie die von oben kommende Himmelsenergie, ist auch die von unten stammende Erdenergie universellen Charakters. Da Energie, wie wiederholt ausgedrückt, fließen muss, so braucht es für ihren Ein- und Austritt zwei Pole, die euch umgeben: Die Erde mit ihrer Energie, und die Energien, die um euch sind, das universelle Netz. Dieses umgibt die Erde, vergleichbar mit einer konzentrischen Kugel. Versteht bitte beides nicht wörtlich, sondern nur dem Sinn nach, als Bild. Der Energiefluss zwischen "Himmel und Erde und retour" erlaubt die Möglichkeit, euch in eine aufrechte, kontinuierliche Energieverbindung einzuklinken und je nach euren Fähigkeiten und dem Grad eurer Zuwendung zur geistigen Ebene, Informationen zu erhalten und Kontakt aufzunehmen. Diese Energie könnt ihr an euch weiter anwenden, die Information in euch belassen, wodurch sich die Energiequalität ändert, oder sie weitersenden. Dadurch könnt ihr euch zentrieren, euch ausrichten und euch an etwas Bestehendes, nämlich an die Energieverbindung zwischen Himmel und Erde anbinden; dies nur zum prinzipiellen Verständnis.

Der Scheitel ist zur Aufnahme von universeller Energie, Lichtenergie, befähigt und macht diese durch entsprechende Veränderung für euch verwendbar, nutzbar. Eure Wurzel erlaubt euch mit eurer Mutter Erde zu kommunizieren. Hier soll erneut in euer Bewusstsein gebracht werden, wie tief die Beziehung zu eurer Mutter Erde ist, die ihr aufzubauen in der Lage seid. In früheren Zeiten und anderen Kulturen, als die eure gerade ist, war diese Kommunion zwischen Mutter Erde und ihren Kindern tragfest und stabil. Die Erde wurde von euch als tatsächlich lebend empfunden, nicht nur die Pflanzen und Tiere auf ihr, sondern sie selbst. Sie repräsentierte in den Augen der Menschen von damals eine authentische, eigenständige Energie, die ihre eigenen Fähigkeiten, Kenntnisse, ihren komplexen Aufbau, ihre Struktur und vieles mehr besaß. Die Beziehung zu Mutter Erde war heilig und unantastbar. Mutter Erde teilte die Geheimnisse mit euch, ihren Kindern, in dem sie die Kräfte und Eigenschaften aller auf ihr und durch sie wachsenden Pflanzen erklärte. Dadurch wart ihr Menschen in der Lage, Heilmittel auf natürliche Weise zu erhalten. Wurzel, Samen und

Früchte veränderten bestimmte Eigenschaften und Fähigkeiten an euch und konnten diese zur Blüte bringen. Energien, wie die der Bäume, der Kristalle, des Wassers und vieler anderer Bereiche, wurden zur Reinigung, Heilung, Transformation und Entwicklung der Menschen verwendet. Erst in neuerer Zeit beginnen diese alten Lehren und Kenntnisse erneut in euer Bewusstsein zu dringen, und viele beginnen sich damit intensiv zu beschäftigen. Sie sehen den Geist von Mutter Erde hinter all diesen vielfältigen wunderbaren Geschenken. Eure Wurzel ist also in erster Linie dafür da, um euch hier zu verankern, zu verwurzeln, euch wie ihr zu sagen pflegt, zu erden.

Wenn ihr euer Wurzelchakra öffnet, weit öffnet und mit jedem Ausatmen eure Aufmerksamkeit auf die Verbindung zur Erde legt, werdet ihr sehen, wie sicher und geborgen ihr euch fühlt. Sucht eure Sicherheit nicht im Außen, glaubt nicht, sie mit Versicherungen oder Anhäufung materieller Güter zu erlangen, sondern erreicht sie durch die Verbindung mit Mutter Erde. Ich sage euch, das ist eure Heimat. Eure Heimat ist nicht eine Stadt oder ein Land, es ist die Erde in ihrer Gesamtheit. Deshalb habt ihr immer wieder auf ganz verschiedenen Stellen auf der Erde inkarniert, um verschiedene Erfahrungen zu machen, um euch mit den unterschiedlichen Ausprägungen von Mutter Erde auseinanderzusetzen. Die Art des

Lebens der Menschen ist unterschiedlich und abhängig von der Gegend, vom Klima und der Landschaft. Die Erfahrungen, die zu machen sind, sind dadurch sehr verschieden und durch die Fülle, den unendlichen Reichtum, seid ihr sehr vielen ganz unterschiedlichen Arten zu leben, begegnet. Dies hat den inneren Erfahrungsschatz ausgemacht. So seid ihr einander so unterschiedlich geworden.
So wie der Himmel für eure geistige, mentale, spirituelle Entwicklung sorgt, so sorgt die Erde für euren Körper. Dies ist, wie ihr schon wisst, unpräzise, da eure Mutter Erde ebenfalls eine wunderbare, hochentwickelte Energie darstellt. Dadurch kann sie an eurer energetischen Entwicklung Anteil nehmen. Die Erde erlebt und gestaltet ihre eigene Entwicklung im Rahmen des gesamten Kosmos. Sie ist für die Schaffung und Herstellung aller verschiedenen Dinge zuständig, die ihr für euer Leben benötigt, für eure feste und flüssige Nahrung, für das Dach über eurem Kopf, und für viele Dinge eures täglichen Bedarfes. Nichts könntet ihr herstellen, wenn ihr nicht die Grundstoffe von eurer Mutter Natur erhalten würdet. Sie ist die Geberin, Spenderin aller Dinge, die ihr verwendet oder auch verschwendet. Mutter Erde kümmert sich um euch und trägt Sorge für alles, was ihr benötigt. Weise verwendet, sind Schätze noch für lange Zeit vorhanden und mit eurem Fortschreiten in der

Entwicklung zur Schaffung umweltfreundlicher und die Ressourcen schützender Technologien, wird der Abbau der Lagerstätten immer weniger intensiv erfolgen. So kann Mutter Erde euch alles spenden, was ihr benötigt, und eure einzige Voraussetzung ist es, hier sein zu wollen, auf dieser Erde, diesem Planeten.

Wollt ihr hier wirklich leben, müsst ihr euch für das Leben hier auf der Erde entscheiden. Dies ist nichts, was für jeden von euch selbstverständlich ist. Für manche von euch, ist die Erdung von vorne herein gegeben. Diese Menschen sind mit der Natur, mit dem Boden, den Pflanzen und Bäumen verbunden, und lieben dieses Leben hier. Jene, die eine starke Bindung an andere Planeten haben, zum Beispiel Sternenkinder, müssen sich diese Erdung hart erarbeiten, wollen sie hier glücklich sein. Sie haben viele Schritte in ihrem Bewusstsein zu gehen, um hier Wurzeln schlagen zu können. Sie sehnen sich nach dem Sternenreich, von dem sie glauben, dass es ihre wahre Heimat ist. Sie werden jedoch auf der Erde nicht an ihre Aufgaben herankommen, und diese erfüllen können, wenn sie sich nicht entscheiden, auch wirklich hier sein zu wollen.

DIE GITTERNETZE

Die Erde durchläuft als energetische Wesenheit, eine eigenständige Entwicklung. Dafür sind Energien nötig, die von planetarischer Quelle, von der Zentralsonne und generell aus dem Universum hierher gelangen. Diese Energien können durch die Erde selbst nur teilweise aufgenommen werden, sie benötigen EUCH, um integriert zu werden, sie an die Erde weiterzugeben, und in ihre Gitternetze einzuspeisen. Die Gitternetze sind energetischer Natur und haben eine Vielzahl von Aufgaben. Zum ersten stabilisieren sie die Erde energetisch und wirken als Pol, der gemeinsam mit dem euch umgebenden Netz eine Verbindung aufgebaut und installiert hat, die es euch ermöglicht in einer strukturierten Energieatmosphäre zu leben. Diese besitzt große Weisheit, ist multidimensional und steht euch für eure Entwicklung zur Verfügung. In dieser Energieatmosphäre sind alle Informationen vorhanden, die ihr euch schrittweise aneignen könnt, und die euch Entwicklung in vielerlei Hinsicht erlauben. Dadurch erhaltet ihr Anbindung an vorhandene Energien, die alle unendlichen Möglichkeiten an Eigenschaften und Erfahrungen repräsentieren und das allumfassende Gedächtnis darstellen. Dieses Energienetz ist von so unendlich komplexem Aufbau, dass alle eure Leben individuell davon gesteuert werden. Dadurch wird das geschaffen, was zu eurem Besten, zum höchsten Wohl aller und des ganzen Universums entsteht. Das Massenbewusstsein ist in dieses Netz integriert.

Ihr könnt diese Energien, die von der Erde zur Aufrechterhaltung ihres Energiestatus benötigt werden, nur dann integrieren, wenn ihr selbst geerdet seid, denn sonst habt ihr keinen Zugang zum Pol Erde. Wie erwähnt, ist es wichtig das Leben auf dem Planeten Erde anzunehmen, zu genießen, Freude in jedem Augenblick zu empfinden und bewusst ganz im Hier und Jetzt zu sein. Beschäftigung mit Gartenarbeit, barfuß gehen auf einer Wiese, Aufnehmen der Energie durch Umarmen eines Baumes, durch Verbinden mit den Elementen Wasser, Feuer, Luft und Erde sowie mit Kristallen und Tieren, unterstützen den Kontakt zu Mutter Erde. Natürlich haben diese Gitternetze noch andere Aufgaben: Sie bestimmen die Stabilität der Lage der Erde im Kosmos, sie sind zuständig für die Stabilität als ein Planet, sie ermöglichen die Energieausbreitung auf der Erde, sie bereiten ausreichend Energie, um Pflanzen und Bäume wachsen zu lassen, und sie sind für den Energiekreislauf zwischen Himmel und Erde ausschlaggebend. All das funktioniert nur, wenn eine große Zahl von euch geerdet ist, und ihre energetischen Wurzeln tief in Mutter Erde stecken.

Diese Einbindung eurer Bereitschaft, hier auf dieser Erde zu sein, in den Energiekomplex Erde in all ihren Ausformungen, ist ein Punkt. Der andere ist, dass ihr selbst für eure Entwicklung in jeder Hinsicht auf die Unterstützung und die Bereitstellung von ausreichender Energie aus Mutter Erde zählen könnt. Vielfach wird in erster Linie verstanden, dass die Energie, die die wesentliche Quelle für euch darstellt, von oben, in Form von Licht zu euch gelangt. Zweifellos ist dies Teil des Ganzen, und für die Erfassung und Installierung vieler Prozesse sehr wichtig. In gleicher Weise bedeutend, ist jedoch die generell als nährend zu bezeichnende Energie eurer Mutter Erde. Es ist die Erde einerseits für eine reibungslose Energieausbreitung als Energiekörper und Pol bedeutend, sonst kann Energie ganz einfach nicht fließen, andererseits als Quelle für Energien, die für eure Instandhaltung besonders eures Körpers von maßgeblicher Wichtigkeit sind. Versteht dies ganz einfach als Einheit, als großes, wunderbares System, das in seiner Ganzheit funktioniert. Ihr könnt ihre einzelnen Teile und das Zusammenwirken in und um euch erfassen.

DIE INNERE WEISHEIT

Das Wurzelchakra kann nun als Eintrittspforte für all diese mütterlichen Energien angesehen werden. Diese sind einerseits Quelle von Frequenzen, die Klärung, Heilung und Instandhaltung bewirken, und andererseits Quelle von Potential für Entwicklung auf körperlicher Ebene.

Die erhöhten Frequenzen, die euch durch euren Scheitel angeboten werden, und die mit eurer geistigen Entwicklung verbunden sind, haben recht dramatische Änderungen auf der physischen Ebene zur Folge. Eure zelluläre Basis hat in ihrem Potential sehr wohl die Möglichkeit so hohe Frequenzen zu tolerieren, sie hat die Erinnerung daran, wie das zu geschehen hat. Euer Körper ist derzeit bei Vielen von euch noch nicht darauf vorbereitet, durch eine solche Anpassung und Transformation zu gehen. Das kann Quelle von Krankheiten sein. Ihr könnt zwar die universellen Energien in euch aufnehmen, sollt aber eure physische Ebene bewusst zu einer Anpassung und Angleichung auffordern, und darum bitten. Hier ist wieder eure Innere Weisheit gefragt, die in ihrer Anlage, sehr genau auf einen solchen Schritt vorbereitet ist. Eure physische Ebene kann nicht automatisch ohne eure Absicht in dem Ausmaß reagieren, als dies nötig ist. Eure Innere Weisheit ist im Energiekörper jedes Organs abgebildet und vorhanden. Das Zentrum der inneren Weisheit, des Zusammenspiels zwischen geistiger und körperlicher Ebene auf atomarem und subatomarem Bereich, und auch auf struktureller DNA-Ebene ist euer Wurzelchakra und im Knochengerüst euer Kreuzbein. Dort ist das Gesamtpotential an kristallinen Strukturen abgelegt und energetisch gespeichert. Die Abgleichung, die andauernde Kommunikation mit eurem Heimatplaneten Gaia, geschieht über diese gemeinsame Struktur: Wurzelchakra und Kreuzbein. Die Innere Weisheit überwacht alle etablierten, kontinuierlich ablaufenden Stoffwechselvorgänge zur Aufrechterhaltung der Funktion der Organe, sowie die Energiebereitstellung, damit diese Organe ihre Funktion erfüllen können. Sie reguliert die Reaktion auf äußere Bedingungen, die Anpassung an geänderte Voraussetzungen, und die reibungslose Kommunikation der Organe untereinander. Die Instandhaltung aller unvorstellbar vieler Netzwerke in eurem Organismus, ist Zeichen höchster natürlicher Intelligenz. Dies hat eine energetische und eine physische Dimension, da einerseits ein Netzwerk nur energetisch funktionieren kann, andererseits alles eine körperliche Entsprechung haben muss: Zum Beispiel geschieht die Synthese und die zielgerichtete Absendung von inneren Botenstoffen auf einen energetischen Befehl, andererseits ist die Ausformung in der realen Materie, die Synthese, das Andocken an die entsprechende Stelle, physisch. Die Reaktion, stellt erneut einen energetischen Prozess dar, aber die körperliche Reaktion, zum Beispiel in Form der Erhöhung des Herzschlagvolumens, ist tatsächlich in der physischen Ausformung messbar. Für euch sind körperliche Reaktionen unter Umständen, in Form von Erhöhung des Blutspiegels von Botenstoffen oder Stoffwechselprodukten derzeit nachweisbar, jedoch sind die energetischen Prozesse derart subtil, dass sie euren derzeitigen Messmethoden entgehen. Die lokalen Energievorgänge, die mit Stoffwechselprozessen verbunden sind, spielen sich in erster Linie über das Medium Wasser ab, die Ausbreitung erfolgt energetisch entlang vorbereiteter Bahnen, den Meridianen. Das Gitternetz der Erde, oder vielmehr die Gesamtheit der Gitternetze, ist im Grossen vergleichbar mit eurem Meridiansystem und der Ausbreitung von Energie über das Körperwasser. Dies ist ein Zeichen für die Bedeutung des Satzes: Wie oben so unten, wie im Grossen, so im Kleinen. Ihr seid, jeder für euch ein Mikrokosmos, dem die Vielfalt eures Ausdruckes, eurer Entscheidungsmöglichkeiten, eures gesamten Potentials, eures tatsächlichen Seins, durch die subtile, aber große Komplexität dieser Schöpfung Mensch, ermöglicht wird.

Ich weise in aller Liebe zu euch darauf hin, dass es nicht möglich oder nötig ist, dieses System zu erfassen. Ihr wart über lange Zeit von eurer Entwicklung, dem Verständnis für eure wahre Konstruktion, für euer wirkliches Funktionieren, abgeschnitten. Ihr habt andere Entwicklungs- und Erfahrungsschritte getätigt, um eure Entscheidungen auf allen Ebenen zu treffen. Das langsame Umdenken in euch, das Erlauben anderer Interpretationen und

Gedanken, die Weitung eurer Perspektive, gestatten die Möglichkeit der Mitteilung auf eine Art, die euch verständlich ist und eurer derzeitigen Entwicklung entspricht. Viele werden Beweise oder wissenschaftliche Abhandlungen fordern, sehen aber oft nicht, dass manches, was derzeit den Lehrmeinungen entspricht, eher auf Dogmen, als auf tatsächlichen Nachweisen beruht und argumentiert wird. Die Frage nach völligem Verstehen von Ursache, Wirkung und Kausalität kann häufig nicht beantwortet werden. Je weiter sich zum Beispiel die Forschung auf dem Gebiete der Physik entwickelt, desto mehr nähert sie sich der Spiritualität an, und manchen Gedanken, die hier dargelegt werden. Die Phänomene eures täglichen Lebens, sind ohne eure Bereitschaft in Form von Energie, und nicht nur von Materie, zu denken, nicht erklärbar.

Im Wurzelchakra ist das Potential für eure gesamte zukünftige Entwicklung abgelegt. Dies gilt unter anderem für die Arbeit an eurer körperlichen und geistigen Gesunderhaltung, an der weiteren körperlichen Entfaltung der Funktionen eurer Organe, der Verlängerung eurer Lebensfähigkeit bei völliger Fitness und dem Verständnis der Abläufe all eurer körperlichen Prozesse. Die Quelle der Energien, die diese Entwicklung ermöglicht, liegt in Mutter Erde. Deshalb lege ich euch, eine direkte, intensive

Kommunikation mit ihr sehr ans Herz. Die Änderung der Funktionstüchtigkeit der Organe, hat vielfältige Auswirkungen auf eure geistige Funktion und Qualität, da das Verständnis für die Zusammenhänge auf diesem Gebiet parallel zur körperlichen Entwicklung zunehmen wird. Der Zugang zu diesem sehr wesentlichen Entwicklungsschritt in euch ist euer Wurzelchakra.

ERDUNG – STERNENKINDER

Die Erdung ist für euch alle essentiell. Wenn ihr hier eure Aufgaben erfüllen wollt, so heißt das für euch, euch wirklich und tatsächlich zu entscheiden, hier zu sein, zu bleiben und die Kommunikation mit eurer Mutter Erde aufrecht zu erhalten. Manche, die sich dafür nicht entscheiden wollen oder können, verlassen diesen Planeten, ich möchte fast sagen, unverrichteter Dinge, da das Hiersein niemals erfüllt und umgesetzt, und so das tatsächliche Manifestieren niemals möglich wurde. Dies betrifft in erster Linie hoch begabte, auch hochspirituelle Brüder und Schwestern, die in euren Augen wunderbare Menschen sind. Dennoch habt ihr von ihnen oft den Eindruck, dass sie nicht wirklich hier sind, nicht anwesend mit all ihren Sinnen, sondern schwebend, manchmal unkonzentriert, fern der Realität. Sie müssen oft in späteren Jahren oder Leben, viel von ihren Vorlieben, dem Träumen, dem Nachsinnen, dem allzu frei Assoziieren, aufgeben. Sie tun sich sehr schwer damit, weil sie glauben, dadurch nicht mehr sie selbst zu sein. Sie sind oft unglücklich, wenn sie Aspekte, die sie denken, die ihnen vor Augen schweben, nicht wirklich in die Tat umzusetzen können. Ihr werdet fragen: *„Warum ist das so? Wie ist das entstanden, dass sich eine Seele entschlossen hat, hier auf Gaia zu inkarnieren, aber offenbar lieber ganz woanders wäre? Und diese Seele so gar nicht hierher passt?*" Ich will euch das gerne berichten, und es wird euch vielleicht ein Licht der Klarheit und des plötzlichen Verständnisses aufgehen.

FREMDENERGIEN NICHT IRDISCHER HERKUNFT

In der Tat ist Gaia euer Mutterplanet, bei vielen Wesenheiten sehr beliebt, und dies aus mehreren Gründen. Zum Ersten ist das Leben mit euch Menschen abwechslungsreich und spannend, da zum Unterschied zu vielen anderen Planeten, hier nicht nur Geist, sondern vor allem auch Gefühle und Emotionen vorhanden sind. Zum anderen wollen viele aus dem Sternenreich dieses Experiment der Entwicklung des Menschen zurück zur wahren Göttlichkeit, das Aufsteigen in höhere Dimensionen aus nächster Nähe miterleben und beobachten. Dies ist für diese Wesenheiten wie ein spannender Krimi, etwas unsagbar Aufregendes. Drittens haben sich manche die Aufgabe gestellt, Technologien, die Gaia vor Ausbeutung schützen können, schrittweise auf der Erde zu etablieren und dieses Wissen hier zu verankern. All das, und noch andere Gründe, können es sein, die Wesenheiten zu veranlassen, hier auf diesen Planeten kommen zu wollen. Dies ist nicht einfach für sie, denn sie haben eine andere Frequenz, sind unterschiedliche Lebensbedingungen gewohnt, und können nun nicht in ihrer ihnen zukommenden Form hier existieren. Deshalb bedienen sie sich entweder als Ganzes eines menschlichen Körpers, oder sie transferieren eine bestimmte Energie auf einen Menschenwirt, sodass nicht die gesamte Wesenheit, sondern nur ein oder einige Aspekte in diesem Menschen repräsentiert sind. Dies kann Auswirkungen auf den Betroffenen haben, dass die Fremdenergien zu bestimmten Wesenszügen führen, die nicht unbedingt gewohnt menschlich sind. Die Energieübertragung kann entweder zum Zeitpunkt der Geburt geschehen, und daher die Seele diese Fremdenergie praktisch mitbringt. Andererseits kann im Rahmen einer besonderen Situation, eines Schockzustandes oder Unfalles, einer schweren psychischen Belastung, der Energiekörper eines Menschen durchlässig werden und so einer Energie die Möglichkeit geben, sich mit dem Energiekörper zu verbinden. Eine solche Fremdenergie wird integriert, und führt zu Änderungen im Gesamtausdruck, entweder energetisch oder physisch, wie es dieser Energie entspricht. Ein Grund nicht hier sein zu wollen, kann darin bestehen, dass diese Fremdenergie, ja eigentlich woanders hingehört, und dies wird von dem Betroffenen so empfunden, dass er als Ganzes dorthin zurückkehren möchte, woher diese Fremdenergie kommt. Diese Situation ist eine große Herausforderung für den entsprechenden Menschen, da sie üblicherweise nicht erkannt und verstanden wird. Dieser Mensch fühlt nur, dass er anders ist, aber kann sich dies häufig nicht wirklich erklären.

AUSEINANDERSETZUNG MIT LÖSUNG VON FREMDENERGIEN

Bei entsprechender schrittweiser Entwicklung wird der Hintergrund zum gegebenen Zeitpunkt mitgeteilt. Dies kann im Rahmen einer Übermittlung direkt persönlich erfolgen, oder es kann über einen anderen Menschen geschehen, der aus bestimmten, jedoch individuell unterschiedlichen Gründen, dazu ausersehen ist, diese Botschaft mitzuteilen. Dieser Mensch wird dann von uns geleitet und weiß, wie eine solche Übermittlung zu geschehen hat und was dabei mitgeteilt werden darf. Der Betroffene wird die Information bekommen, auf welche Art diese Fremdenergie dazu gebracht werden kann, seinen Energiekörper, wieder zu verlassen. Es ist dies üblicherweise ein hartes Stück Arbeit, da zu dem

Zeitpunkt zurückgekehrt werden muss, an dem diese Fremdenergie den Energiekörper betreten hat. Geschah das zum Zeitpunkt der Geburt, ist sowohl die väterliche, als auch die mütterliche Linie vorerst zu heilen, und völlige Versöhnung herzustellen, erst dann kann im Rahmen von sehr tiefen rituellen Handlungen begonnen werden, die Fremdenergie zu überzeugen, diesen Energiekörper zu verlassen. Dazu ist es häufig nötig, den Planeten dieser Fremdenergie kennen zu lernen, und auf diesem bestimmte Aufgaben zu erfüllen. In diesem Zusammenhang kann an die sagenumwobenen Aufgaben in eurer griechischen Mythologie gedacht werden. Keine Sorge, es geht hier nicht um den Kampf mit einem Stier, sondern in erster Linie um die Anwesenheit, um die liebevolle Zuwendung, eventuell um Heilung bestimmter Situationen, die diese Fremdenergie davon überzeugen, in ihren Bereich zurückzukehren.

FREMDENERGIEN MENSCHLICHER HERKUNFT

Wenn wir schon bei diesem Thema der Reinigung und Heilung eures Energiekörpers sind, so lasst mich ein wenig ausführlicher über die Lösung von Fremdenergien menschlichen Ursprungs aus eurem Energiekörper sprechen. Euer Energiekörper, eure Aura ist zu bestimmten Zeiten, in Situationen besonderer psychischer Belastung, bei Schockzuständen, und Traumata verschiedener Ursachen durchlässig, verletzlich. So kann es anderen Energien gelingen, an euch anzudocken, in euer System einzudringen. Die Problematik besteht darin, dass sich solche Energieanteile an völlig verschiedenen Orten eures Energiekörpers einnisten können, und die Funktion, den Ausdruck eines bestimmten Aspektes, für den eben dieser Ort oder Platz verantwortlich ist, kodiert, maßgeblich verändert, und manchmal sogar blockiert oder zerstört. Ein Beispiel für eine solche Energieübertragung kann das Aussprechen eines Fluches sein. Als anderes Beispiel, sei eine unter Zwang übernommene Geisteshaltung zu bestimmten Problemen, genannt. Das bedeutet, dass aus völlig unterschiedlichen Gründen, bestimmte Stellen eures Energiekörpers durch solche Energieübertragungen blockiert oder maßgeblich verändert werden können. Lasst mich dazu nur soviel sagen, nämlich, dass auch diese Prozesse eine Schöpfung Gottes darstellen, und all das zu eurem Besten erfolgt, obwohl dies manchmal, wenn ihr in der Situation seid, schwer verständlich ist. Es ist eine Herausforderung an euch, dies im Rahmen von Klärungsschritten zu erkennen oder erkennen zu lassen, euch an der Heilung, dem Ausgleich damit, aus der Tiefe eures Seins zu beteiligen. Das kann man nicht ausschließlich heilen lassen, sondern es ist eine Art fortgeschrittene Energiearbeit, euch damit auseinanderzusetzen und Mittel und Wege zu finden, euch von dieser Energie zu lösen. Letztendlich ist dies nichts anderes, als ein normaler Lösungsschritt, der in eurem Inneren erfolgt, um euch zu befreien, euch nicht mehr Dienliches abzugeben. Dies hat sehr achtsam und sorgfältig zu erfolgen, voll Achtung vor der Schöpfung und vor jeder Nuance der Schöpfung, mag sie euch im Augenblick auch noch so gegen euch gerichtet erscheinen.

Die Lösung solcher Fremdenergien ist oft ein ganz wesentlicher Schritt eures wahren Selbst, euer Potential zu erkennen, zu leben und im Rahmen dessen, kraftvolle Änderungen zu manifestieren. Üblicherweise sind dies Schritte, die im Zuge eurer Entwicklung in einem späten Stadium erfolgen, da sie zur Voraussetzung bestimmte, bereits eingetretene, spirituelle Fortschritte erfordern. Es ist die Energie eurer Mutter Erde in diese Heilung- und Lösungsschritte sehr tief eingebunden. Da solche Fremdenergien üblicherweise bereits in eure DNA eingeschrieben wurden, können nur unter Mithilfe von mütterlicher Energie entsprechende Reparaturmechanismen in Gang gesetzt werden, dies geschieht natürlich nur nach eurem Verständnis und eurer intensiven Auseinandersetzung mit der zu Grunde liegenden Ursache. Häufig vertraut ihr euch gerne für diese Lösung der spirituellen Unterstützung eines darin erfahrenen Bruders oder einer Schwester an.

Fremdenergien bergen die Problematik in sich, dass sie die Betroffenen im Ausdruck verändern oder zu ihrem Ausdruck gar nicht kommen lassen. Das sind häufig Situationen, in denen ihr sagt: *"Ich verstehe gar nicht, warum ich das tu, das entspricht mir doch gar nicht!"* Deshalb ist die Erkenntnis über solche Phänomene so bedeutend, da nicht nur Energien, die ihr anderwärtig benötigen würdet, von den Fremdenergien gebunden werden, sondern euer Potential davon ebenfalls wesentlich betroffen wird, da bestimmte Entwicklungsschritte nicht gegangen werden können. Deshalb ist es an der Zeit, dass dieses Wissen bekannt gemacht wird, um euer Bewusstsein für solche Möglichkeiten zu schärfen und aufmerksam zu werden. Besetzen euch nun Fremdenergien aus bestimmten Gründen, schon zum Zeitpunkt eurer physischen Geburt, so dass ihr euch gar nie anders gekannt habt, als eben "infiziert", so ist es natürlich besonders herausfordernd dieser Energie auf die Spur zu kommen. Die einzige Möglichkeit besteht in der Abgleichung eures Grundplanes mit eurem tatsächlichen Zustand. Den ersten Hinweis erlangt ihr in solchen Situationen, in denen ihr für euch unverständliche Reaktionen oder Entscheidungen an euch selbst wahrnehmt, für euch wesentliche Defizite erkennt, oder in verschiedenen Aspekten mit euch überhaupt nicht zurecht kommt.

Dies geschieht, obwohl ihr überwiegend ein freudiges, ausgewogenes Verhältnis mit euch selbst habt, das euch wohlgemut euer Leben führen lässt. Dies können Aspekte oder Reaktionen auf Situationen sein, mit denen ihr nicht umgehen könnt zum Beispiel in sexuellem Bereich oder in Form von unverständlicher Aggression. Es kann ein bemerkenswertes körperliches Symptom, wie z.B. Herzinfarkt im Alter von 35 Jahren ohne offensichtliche Risikofaktoren eintreten. Solche Wahrnehmungen, können euch auf die hinweisende Spur bringen. Der Grund für diese Ereignisse kann sein, dass an euch eine künstliche Änderung eures Seins vorgenommen wurde oder entstanden ist, die nicht eurem wahren Sein entspricht.

Erlaubt ihr euch Kontemplation, seid ihr auf euer Sakralchakra und euer Kreuzbein, in Vertrauen, Liebe und Dankbarkeit konzentriert, und lasst ihr zusätzlich diese euch belastende Wahrnehmung da sein, so werdet ihr Hinweise auf die Art dieser Fremdenergie erhalten. Es werden in euren Gedanken, Informationen auf ihre Herkunft hochkommen, wenn es sich um eine gesamte Wesenheit handelt, und auch auf die Ursachen, wie, warum und wann sich diese Fremdenergie bei euch eingenistet hat, und in der Lage war, euch maßgeblich zu beeinflussen.

Solche Erkennungsvorgänge an sich selbst erfordern eine klare Grundhaltung in euch, die dem Universum vermittelt, dass es euch ernst damit ist, euch damit auseinanderzusetzen. Vertrauen, Liebe und Mitgefühl für euch, völlige Freiheit im Handeln und Freiheit von jedem Zweifel sind wesentlich. Es sind zweifellos hohe Energiefrequenzen nötig, die ihr in euch aufbauen könnt, um die entsprechende Information zu bekommen und diese Energie dazu zu bringen, sich zu erkennen zu geben, und aus eurem zellulären Gedächtnis die entsprechende Botschaft über die Erkennung der Begleitumstände zu erhalten. Das ist Voraussetzung: Grundhaltung eures Selbst, Kommunikation mit der Fremdenergie, in Achtung und Respektierung des anderen, und Erkennung der spezifischen Bedeutung für euch. Bedenkt, die Art der Blockade, des Defizits, ist nicht zufällig, sondern hat in hohem Maße mit euch selbst zu tun. Durch euer Sein, habt ihr es der Fremdenergie ermöglicht von einem spezifischen Teil eures Selbst Besitz zu ergreifen, und die Änderung an euch vorzunehmen. Das hat gar nichts mit Schuld oder Versagen zu tun, sondern ist wie so vieles ein Erfahrungsprozess, der aber heilbar ist, wenn ihr eure gesamte Aufmerksamkeit darauf richtet.

So seht ihr, dass gerade das Wurzelchakra, durch die Speicherung all eurer tatsächlichen Fähigkeiten eure

Körperlichkeit betreffend, eures Hierseinwollens und eures Entschlusses euch für dieses irdische Leben zu entscheiden, für viele Aspekte eures Lebens, eurer Realität und der Manifestation, im Hier und im Augenblick, große Bedeutung besitzt. HIER ist es, wo alle Erfahrungen, die ihr jemals gemacht habt, alle eure Reaktionen, die ihr in euch erlebt und geschaffen habt, auch wieder zu einem Abschluss gebracht werden müssen. HIER ist es, wo alles, was sich dieser eurer endgültigen Heilung entgegenstellt und diese behindert, erkannt und von euch erlöst werden muss. Deshalb werden so intensive neue Frequenzen auf diese Erde gesandt, um euer Bewusstsein für diese Aspekte zu schärfen, euch zu erlauben Fokus und Absicht zu halten und euch mit euch selbst zu beschäftigen. Manches, was euch aus eurem Alltag recht dramatisch herausholt, Krankheit, Arbeitslosigkeit oder Vergleichbares, wurde von eurer Seele deshalb geschaffen, um euch Zeit sowie Raum zu geben, eure gesamte Aufmerksamkeit auf euch zu richten. Dies gibt euch die Möglichkeit, Erkenntnis zu gewinnen und Verständnis für die Zusammenhänge in Achtsamkeit für euer Selbst zu entwickeln. Blickt bei allem, was euer tatsächliches Hiersein betrifft auf eure Wurzel, die Basis eurer Verbindung zu eurer Mutter Erde. Sie wird euch lehren. Erhöht eure Wahrnehmung, um eure Entscheidungen zu treffen und eure Aufgaben zu erfüllen und zu vollenden.

So haben wir einen Streifzug durch viele Aspekte eures Seins unternommen. Versteht, dass ihr eine Einheit, eine Ganzheit seid, in der alle eure Teile vorbereitet und vereint sind. Nur die Verbindung all eurer funktionstüchtigen Zentren, ermöglicht euer Sein und versetzt euch in die Lage euer Potential zu leben. Geht sorgsam mit dem Wissen um, das euch in Liebe überantwortet und geschenkt ist, seid bedankt für eure Zuwendung zu euch und seid gesegnet.
So sei es.

MELCHIZEDEK

Dr. Raimund Jakesz ist Leiter der Klinischen Abteilung für Allgemeinchirurgie an der Universitätsklinik für Chirurgie Wien. Einer seiner Schwerpunkte ist die Behandlung von Patientinnen, die an Brustkrebs erkrankt sind. Neben seiner ärztlichen Tätigkeit ist er als außerordentlicher Universitätsprofessor in der Lehre tätig und leitet zahlreiche Forschungsprojekte an. Als Präsident der Österreichischen Gesellschaft für Chirurgie und Mitglied in zahl-reichen weiteren Vereinigungen wie u.a. der Deutschen Krebs-gesellschaft, wird er häufig gerade in Fragen der Ethik zum Gutachter berufen. Seine internationale wissenschaftliche Vortragstätigkeit führt ihn über den europäischen Raum hinaus in die USA, die asiatischen und arabischen Länder.
Nach einem einschneidenden Erlebnis 2002 öffnete er sich der Spiritualität. Sein Kanal tut sich auf und der Austausch mit „Spirit“ beginnt und verändert sein Leben. So manches bekommt einen anderen Wert und es wird möglich, den Menschen, den Patienten, mit neuen Augen zu sehen, aus einem neuen Blickwinkel. Die Krankheit und deren Ursache kann NEU gesehen und erkannt werden, ganzheitlich, das heißt den ganzen Menschen umfassend, auf allen Ebenen berücksichtigend. In all seinen Tätigkeitsfeldern nutzt er seine Möglichkeiten und auch sein Renomee als international anerkannte Kapazität, um für den Gedanken einer ganzheitlichen Medizin einzutreten.
Weitere Informationen auch unter **http://www.jakesz.com/**

Maria Jakesz steht seit 1975 an der Seite von Raimund, ist Mutter einer Tochter und eines Sohnes, und ihr Wesen ist Stille und Ruhe. Sie ist viel gereist, hat dabei viele Orte und Menschen „wiedererkannt“ und dadurch viele geistige Erkenntnisse gewonnen. Mit 23 Jahren steht sie das erste Mal an einem Krankenbett. Sie lebt und arbeitet zu dieser Zeit in Südschweden. Viele Fragen tauchen auf: „Warum wird der Mensch krank? Warum diese oder jene?“. Sie liest C.G. Jung, Viktor Frankl und andere. Mit Akribie und Ausdauer sucht sie Antworten zu finden, beobachtet und führt tausende Gespräche, trägt Puzzlestein für Puzzlestein zusammen - bis sich ein Bild ergibt. Melchizedek hat es wunderbar zusammengefasst: „Mit der getanen Vorarbeit ist es ihr möglich zu erfassen und zu verstehen. Die Aufgabe ist, das Wissen wieder auf die Erde zu bringen und es hier zu verankern, also verfügbar zu machen - und dazu braucht es den Menschen als Bindeglied.“. Maria ist Diplomierte Krankenschwester und ausgebildete Operationsschwester, was ihr sehr viel Freude macht. Weiter hat sie Ausbildungen zur Selbsterkenntnis in Synergetik, Hypnose, Integral Human Design und vielem anderen gemacht. Seit 1985 arbeitet sie an der Seite von Dr. Raimund Jakesz in dessen Praxis.
Weitere Informationen auch unter **www.rainbowbridge.biz**